Tarô da
Maria
Padilha
A Guardiã do Resgate

Karol Souza

Tarô da Maria Padilha
A Guardiã do Resgate

© 2020, Editora Anúbis

Editores responsáveis:
Marcelo Aquaroli
Milena Lago

Revisão:
Equipe Técnica Anúbis

Projeto gráfico:
Edinei Gonçalves

Dados Internacionais de Catalogação na Publicação (CIP)
(Câmara Brasileira do Livro, SP, Brasil)

Souza, Karol
  Tarô da Maria Padilha : a guardiã do resgate / Karol Souza.
-- 1. ed. -- São Paulo : Anubis, 2020.

  ISBN 978-65-88661-00-0

  1. Adivinhações 2. Autoconhecimento 3. Esoterismo 4. Cartas de tarô 5. Mediunidade 6. Pombagira 7. Tarô - Cartas I. Título.

20-44705   CDD-299.672

Índices para catálogo sistemático:

1. Pombagira : Rainha Padilha : Tarô :
   Umbanda   299.672

Aline Graziele Benitez - Bibliotecária - CRB-1/3129

São Paulo/SP – República Federativa do Brasil
Printed in Brazil – Impresso no Brasil
Imagens: shutterstock.com

Este livro segue as novas regras do Acordo Ortográfico da Língua Portuguesa.

Os direitos de reprodução desta obra pertencem à Editora Anúbis. Portanto, não é permitida a reprodução total ou parcial desta obra, de qualquer forma ou por qualquer meio eletrônico, mecânico, inclusive por meio de processos xerográficos, incluindo ainda o uso da internet, sem a permissão expressa por escrito da Editora (Lei nº 9.610, de 19.2.98).

Distribuição exclusiva
Aquaroli Books
Rua Curupá, 801 – Vila Formosa – São Paulo/SP
CEP 03355-010 – Tel.: (11) 2673-3599

Dedicatória

Dedico este trabalho ao Plano Espiritual, em especial a Pombogira Maria Padilha das Sete Catacumbas, que com sua Luz, paciência e sabedoria me auxilia na caminhada terrena. Que suas lâminas sempre nos abençoem!

Gratidão a minha família espiritual e carnal, Mãe Iansã e Pai Ogum; aos meus pais carnais (que carinhosamente chamo de 'mamis e baba') Magali Souza e Miro Souza, geradores amorosos da minha vida e que me incentivaram desde os 12 anos para que escrevesse; aos meus filhos Gabriella, Lucas e Valentina, meus tesouros, que juntos, formam meu coração dentro e fora do corpo e aos meus preciosos amigos Luís e Thalita, que me acolheram com amor no seio do seu lar.

Amo vocês!

Bem-vindos!

O Tarô da Maria Padilha é um instrumento poderoso de interpretação do oculto sob a proteção da falange desta Pombogira (vibrações energéticas do Sagrado Feminino de transmutação, defesa, harmonização e quebra de demandas) e seus elementos energéticos, por isso deve ser manipulado com preceito e responsabilidade, interpretado através da mediunidade, respeitando a disposição das cartas bem como a individualidade da consulta, sempre com o objetivo de ensinar ao consulente mais sobre si, através da correta interpretação das lâminas. Deste modo, é fácil de compreender que esta ferramenta espiritual é utilizada única e magnificamente para o autoconhecimento e interpretação de situações cotidianas, como todos os tarôs.

Que nossa caminhada seja de compreensão e aprendizagem mútua.

Axé!

Sumário

História do Tarô 13
Baralhos Esotéricos 15
Povo Cigano 17
    O Idioma 17
    Os Ensinamentos 18
    Profissões 18
    O Cris-Romani 19
    Tribos ou Clãs 20
    A Família 20
    Os Sábios 21
    As Perseguições 22
Baralho Cigano 25
Exus e Pombogiras 27
    Exus Pagãos, Batizados e Coroados ... 28
Maria Padilha – Encarnação 31
    O Início da Jornada 33
    Características 33
    Ferramentas Magísticas 34
Linhas, Legiões e Falanges na Umbanda ... 37
A Falange de Maria Padilha 39
O Tarô 41
    Iconografia 41
    Figuras Representativas e Teoria 41

Guardiã do Resgate: o Significado das Cartas 43
   01. A Coragem / O Caldeirão 45
   02. A Espiritualidade / Quartinha. 45
   03. A Viagem / Maria Padilha da Praia 47
   04. O Lar / Trono 47
   05. O Progresso / Maria Padilha das Matas 49
   06. A Tristeza / Cigarrilha 51
   07. A Traição / Maria Padilha do Cabaré. 51
   08. A Morte / Maria Padilha das Sete Catacumbas 53
   09. A Felicidade / Chapéu 55
   10. A Mensageira / Maria Padilha das Almas 55
   11. A Contrariedade / As Velas 57
   12. O Tempo / Maria Padilha Cigana 59
   13. A Esperança / Maria Padilha Menina. 61
   14. A Cautela / Maria Molambo. 63
   15. A Inveja / Dragão. 65
   16. O Êxito / Maria Quitéria 65
   17. A Mudança / Bola de Cristal. 67
   18. A Fidelidade / Incensos 69
   19. A Intimidade / Maçã 69
   20. A Família / Maria Padilha da Estrada. 71
   21. O Inimigo / O Ponto Riscado 73
   22. O Caminho / Maria Padilha da Figueira 73
   23. A Perda / Espelho Trincado 75
   24. O Sentimento / Maria Padilha das Sete Rosas. 75
   25. A União / Maria Navalha 77
   26. O Segredo / As Pimentas. 79
   27. A Notícia / A Taça 81
   28. O Homem / Tridente Masculino 81
   29. A Mulher / Tridente Feminino 83
   30. A Virtude / Rosas Vermelhas 85

31. A Força / Padê........................... 85
32. A Glória / Maria Farrapo 87
33. O Sucesso / Adaga 89
34. O Dinheiro / As Joias.................... 89
35. Os Negócios / Maria Padilha Rainha das Sete Encruzilhadas............................. 91
36. O Destino / Maria Padilha do Cruzeiro 93

Consagração do Baralho 95
Imantação de Objetos.......................... 97
   Preparação: Preceitos para a Consulta 97
   Elementos para a Consulta.................... 98
Metodologia de Abertura........................ 99
   Corte do Consultor......................... 103
   Corte do Consulente 103
   Ética do Consultor 103
   Interpretações e o Simbolismo das Cartas 104
   Chacras e o Baralho........................ 105
Rezas à Maria Padilha......................... 107
   Oração de Proteção........................ 107
   Reza de Defesa 108
   Reza de Imantação 109
   Oração Espiritual/Material................... 109
   Abertura de Caminhos...................... 110
O Poder das Pedras........................... 111
A Magia do Banho de Ervas 115
Orações.................................... 119
   Oração da Energização..................... 119
   Oração da Cura 120
   Oração da Prosperidade 121
Considerações Finais 123
Bibliografia................................. 125

História do Tarô

A origem do Tarô nos nossos dias é desconhecida, mas há quem diga que os antigos Egípcios já o utilizavam. O mais antigo baralho de Tarô conhecido é o Tarô de Visconti-Sforza, que data de 1450. Outro é o Tarô de Mantegna, de 1460.

Os baralhos de Tarô podem ser divididos em 4 categorias, consoante a data em que foram pintados. Assim os Tarôs pintados entre 1400 e 1900 são chamados de Tarôs Clássicos. A partir do início do século XX passam a chamar-se Tarôs Modernos. Entretanto, por volta de 1975, começam a aparecer Tarôs baseados tanto nos Modernos como nos Clássicos, que passam a se designar de Tarôs Surrealistas. Contudo, também apareceram, na década de 70, os Tarôs Transculturais que se baseavam em Fábulas e na Mitologia.

Estes são alguns exemplos de Tarôs:

- Tarôs Clássicos: Tarô de Visconti-Sforza, Tarô de Mantegna, Tarô de Marselha.
- Tarôs Modernos: Tarô dos Boémios, Tarô de Crowley, Tarô de Rider, Aquarian Tarot, Cosmic Tarot, New Age Tarot.
- Tarôs Surrealistas: Tantric Tarot, Tarô Universal de Dali, Tarot Mystique, Mystic Sea Tarot, Osho Zen Tarot.
- Tarôs Transculturais: Kier Egípcio Tarot, Astec Tarot, Viking Tarot.

Embora o Tarô de Marselha tenha sido redesenhado em 1925, por Paul Marteau, segue os traços dos Tarôs antigos, podendo assim ser considerado Tarô Clássico. Outros Tarôs que seguem os traços do de Marselha também são considerados Tarôs Clássicos, como é o caso dos seguintes: Spanish Tarot, Classic Tarot, Fournier Tarot, Angel Tarot, Old English Tarot, entre outros.

Existem dois ramos relacionados com o Tarô:

- A Tarologia, que estuda os símbolos, a estrutura, a filosofia e a história do Tarô;
- A Taromancia, que estuda os arcanos, os métodos, as orientações e os jogos do Tarô.

Enfim, o Tarô é a chave mais importante para o autoconhecimento e para a evolução interior. Mas lembre-se que ele é um conselheiro, e não um método só de previsão.

O Tarô é conhecido por seu papel divinatório, mas tem outros usos, como instrumento de meditações, desenvolvimento espiritual, ritual e magia.

A magia do Tarô abalou, criou e fortaleceu impérios inteiros. Mostrou caminhos, inimigos, venceu guerras, harmonizou Palácios, sensibilizou corações de Reis valentes e destemidos. Foi estudado por magos, sacerdotes, bruxos, personalidades como Sigmund Freud, Reich, Jung, Osho, etc., exercendo influências por mais de 2000 anos. Assim são os Sagrados Arcanos do Tarô, uma poderosa ferramenta para o conhecimento, para o autoconhecimento, sendo uma lamparina que se acende na mais profunda escuridão. É um poderoso instrumento para diagnosticar os males do físico, do espírito e o emocional. As cartas podem nos indicar os pontos que estamos superestimando ou subestimando em nossa vida. Temos que aprender a dar o devido valor aos inúmeros aspectos que integram todo o nosso ser. O Tarô permanece ainda hoje como uma fonte de sabedoria para quem possui olhos para ver e ouvidos para escutar sua linguagem silenciosa. São chaves simbólicas onde a função é despertar a psique para novas ideias, conceitos, sentimentos e uma nova consciência espiritual.

Baralhos Esotéricos

Apesar das cartas de baralho terem sido confeccionadas por volta de 1335 (com decks que variaram de 12, 22, 36, 66 à 78 cartas) na sua grande parte, para entretenimento das cortes e como presentes entre a realeza, só foi adotada por ocultistas e místicos com seus significados divinatórios e convite ao autoconhecimento por volta de 1780, até seu acesso ao público geral.

Também chamados de tarôs surrealistas, hoje existem mais de 200 baralhos e tarôs dos mais diferentes tipos (e a cada ano esse número aumenta), e as suas estruturas de interpretação variam de acordo com a cultura de cada região onde o oraculador, cartomante ou tarólogo atua, bem como a mitologia que inspirou o/a criador/a.

Quando a tratativa se refere ao significado do 'baralho esotérico' podemos associar desde o baralho cigano aos tarôs intuitivos, zen de osho, wicca, das bruxas, de Thoth, mitológico, dos anjos, da criança interior, das runas entre outros, que se utilizam de segmentos culturais e vibratórios para a interpretação do oculto.

Mesmo não contendo o formato do tarô classificado como tradicional (através das representações iconográficas originais) e pela introdução de uma vibração exclusivamente feminina para o desvendar das situações cotidianas (mantendo o significado das 36 cartas no formato cigano original), o Tarô de Maria Padilha visa (como todos os outros tarôs) a inserção no grandioso mistério que é nossa mente. As cartas não irão manipular o subjetivo, mas revelá-lo e aconselhar o consulente de acordo com a interpretação mediúnica das cartas.

Povo Cigano

Por se tratar de um povo nômade com uma cultura ágrafa, as teorias existentes foram escritas por não-ciganos.

Em grande parte dos materiais escritos, fica evidente o preconceito com um povo marginalizado por seus costumes. Com acusações que vão de trapaças, roubos até sequestro de crianças e bebês, este povo resiste nos dias de hoje lutando para permanecer e perpetuar sua filosofia e estilo de vida.

Com regras rígidas dentro de seus clãs, o povo cigano leva consigo apenas o que se pode carregar. Tudo o que cai da carroça é sobra, e eles entendem que nenhum excesso é agregador ou transmutador. Uma grande lição à todos nós.

Veremos a seguir um pouco dos costumes deste povo tão rico em sua história, que influenciou várias culturas, além de também se adaptarem a cada região que passam.

O Idioma

Uma das maneiras de os ciganos se manterem unidos, vivos, com suas tradições preservadas é o idioma universalmente falado por eles, o romani ou rumanez, que é uma linguagem própria e exclusiva.

"É expressamente proibido ensinar o romani para os não-ciganos; e os ciganos fiéis às tradições, que prezam sua origem, seus irmãos de raça, que são verdadeiros ciganos, sabem disto.

Portanto, quando alguém que se diz cigano quiser ensinar o romani, geralmente à custa de dinheiro, ou então passar segredos e as íntimas particularidades da vida cigana é bom ter cuidado, pois com certeza, ele ou ela não é um autêntico cigano, obediente aos preceitos e princípios de seu povo. Ele poderá ser até cigano de origem, mas não será mais um cigano de alma e coração capaz de manter a honradez de seus antepassados e contemporâneos autênticos."

Os Ensinamentos

O romani é uma língua ágrafa, ou seja, uma língua ou idioma sem forma escrita. Portanto, para sua perpetuação o romani conta somente com a transmissão oral de uma geração para outra, de pai para filho. Não existem livros ensinando uma linguagem, que não tem sequer uma apresentação gráfica definida, pois se os ciganos tivessem se originado na Índia teríamos os caracteres sânscritos, mas como encontramos ciganos em quase todas as partes do mundo, o romani poderia ter os caracteres da escrita russa, ou egípcia, latina, grega, árabe ou outra qualquer.

Assim como o idioma, todos os demais ensinamentos e conhecimentos da cultura e tradição ciganas dependem exclusivamente da transmissão oral. Os mais velhos ensinam aos mais jovens e às crianças os conhecimentos do passado, o pensamento e a maneira de viver herdados dos ancestrais.

Profissões

Junto com a modernidade, o aumento progressivo das cidades, os ciganos foram ficando cada vez mais limitados em suas andanças, tornando-se mais sedentários ou passando a morar mais tempo no mesmo lugar.

Assim as profissões mais frequentes são as do comércio e as ligadas às artes, principalmente à música. Cantores, compositores, músicos, dançarinos, surgem com suas melodias, passos marcantes de dança, como a flamenca da Espanha, trazendo alegria e energia contagiante para os recintos onde se apresentam.

Ao longo do tempo fizeram e ainda fazem parte de trupes circenses, uma vez que o mundo do circo sempre mudando de lugar, combina perfeitamente com o pensamento e sentimento ciganos.

A leitura de cartas e das mãos pelas mulheres ciganas também rende dinheiro, porém essa atividade não é considerada uma atividade profissional, mas um ato de devoção à fé cigana.

O povo cigano é um povo honesto, que vive procurando manter sua dignidade e honradez, não sendo procedente a reputação de ladrões que lhes é imputada.

O Cris-Romani

Para os ciganos a liberdade e a interação com a natureza constituem bens do mais alto valor e estima, o que os motiva a obedecerem à um código de ética e moral até rigoroso.

Nada mais enganoso que julgá-los estroinas, devassos, desregrados ou amorais. Seu amor pela família e pelo grupo, sua consciência que é o seu reto proceder – talvez a única forma de preservar e perpetuar suas origens e o próprio povo.

São obedientes às leis universais, como não roubar e não matar. Quando um cigano ou uma cigana infringe as leis é convocado o Tribunal de Justiça ou o Cris-romani, formado por ciganos idosos ou pelos mais velhos do grupo, que julgam os infratores, procurando exercer seu papel com o mais alto sentido de responsabilidade e respeito.

O Cris-romani é falado totalmente em romani, e nele somente os homens podem se manifestar. No caso de o infrator ser uma mulher, um homem fala por ela fazendo seus apelos e oferecendo suas explicações ou justificativas.

Tribos ou Clãs

Os Ciganos não gostam e não aceitam a palavra tribo para denominar seus grupos, pois não possuem chefes equivalentes aos caciques das tribos indígenas, nas mãos de quem está o poder.

"Os ciganos também não possuem pajés ou curandeiros, ou ainda um feiticeiro em particular, pois cada cigano e cigana tem seus talentos para a magia, possui dons místicos, sendo, portanto, um feiticeiro em si mesmo. Todo povo cigano se considera portador de virtudes doadas por Deus como patrimônio de berço, cabendo à cada um desenvolver e aprimorar seus dons divinos da melhor e mais adequada maneira.

Existem autores que citam que cada grupo cigano tem seu feiticeiro particular denominado kakú, porém esta palavra no idioma romani significa apenas tio, não tendo qualquer credibilidade esta afirmação.

Os ciganos preferem e acham mais correto o termo clã para denominar seus grupos.

A Família

O comando da família é exercido de maneira completa e responsável pelo homem. Ele é o líder e a ele competem a proteção, a segurança e o sustento da família. A mulher e os filhos o respeitam como máxima autoridade e lhe são inteiramente subordinados.

São os homens que resolvem as pendências, acertam o casamento dos filhos, decidem o destino da viagem e se reúnem em conselhos sobre assuntos abrangentes e comuns ao Clã.

As mulheres ciganas não trabalham fora do lar e quando vão às ruas para ler a sorte, esta tarefa é entendida como um cumprimento de tradições e não como parte do sustento da família, apesar de elas entregarem aos maridos todo o dinheiro conseguido.

Os ciganos formam casais legítimos unidos pelos laços do matrimônio, não fazendo pare de seus costumes viverem amasiados ou aceitarem o concubinato. Vivem juntos geralmente até a morte e raramente ocorrem entre eles separações ou divórcios, que somente acontecem se existir uma razão muitíssimo grave e com decisão do Tribunal reunido para julgar a questão.

Os pares ciganos, marido e mulher, são muito reservados e discretos em público, não trocando nenhum tipo de carinho que possa ser entendido como intimidade, que é vivida somente em absoluta privacidade.

Enquanto o homem representa o esteio e o braço forte da família, a mulher significa o lado terno e de proteção espiritual dos lares ciganos, o que denota o verdadeiro poder feminino e respeito a sabedoria da mulher.

Cabe às mulheres cuidarem das tarefas do lar e as meninas ficam sempre ao redor da mãe, auxiliando nos trabalhos da casa, ajudando a cuidar dos irmãos menores e aprendendo as tradições e costumes como a execução da dança, a leitura das cartas e das mãos, a realização dos rituais e cerimônias, os preceitos religiosos.

Se uma criança ou jovem cigano sai dos eixos, tem um comportamento inadequado ou procede mal, geralmente mulher é responsabilizada por tais feitos.

Os Sábios

Talvez em todo o clã cigano, sejam os idosos os merecedores da mais alta estima e respeito. Eles são vistos e tratados como os detentores da sabedoria, da experiência de vida acumulada e seus conselhos são ouvidos pelos jovens e pelos adultos como sendo a voz do conhecimento aprendido na prática da vida do dia-a-dia.

Responsáveis pela transmissão oral dos ensinamentos e tradições, eles são considerados como sábios, o passado vivo e manda a tradição que os mais jovens lhes beijem as mãos em sinal de respeito. Possuem lugar de destaque nas festividades e cerimônias, atuando também como conselheiros e consultores nos tribunais de justiça.

Eles são cuidados com desvelo e tratados com toda a dignidade pelos demais. Esta forma de tratamento faz com que se mantenham lúcidos até o final de suas vidas, pois nada é mais doentio para uma pessoa idosa de qualquer sociedade do que ser tratada como resto, uma pessoa inútil e sem valor, um fardo ser carregado pelos mais jovens.

As Perseguições

Os ciganos não se esforçam por quebrar as barreiras que os separam dos demais povos, talvez por saberem que se abrirem os limites de seus acampamentos aos gadjês, ou não-ciganos, a mescla dos povos será inevitável, as tradições perderão sua pureza, os costumes, os hábitos, os princípios e os valores serão de tal maneira modificados, que paulatinamente acabariam por destruir e matar o povo cigano.

A Igreja os condenava por práticas ligadas ao sobrenatural, como a leitura das mãos e a cartomancia, a discriminação e o preconceito, que até hoje perseguem este povo, devido aos hábitos diferentes de vida, sobrevivendo sempre à margem da sociedade.

Na Sérvia e na Romênia foram escravos e presos, sendo caçados com muita crueldade, além de sofrerem bárbaros tratamentos. A presença de bandos de ex-militares e mendigos entre os ciganos contribuiu para piorar sua imagem.

Outras lendas contam que foram os ciganos os fabricantes dos pregos que serviram para crucificar Jesus. Por isso, o clima de grande preconceito se revela nas manifestações que diziam ser ciganos descendentes de Caim e, portanto, malditos.

Por conta disso, matanças, torturas e deportações foram praticadas em vários países, principalmente com a consolidação dos estados nacionais, principalmente na Europa, como a Alemanha nazista, na década de 30.

Na época do nazismo, muitos ciganos foram levados aos campos de concentração e exterminados. Calcula-se que meio milhão de ciganos tenha sido eliminado durante o regime nazista.

Atualmente esse povo tão sofrido e, ao mesmo tempo tão alegre, se encontra espalhado por todo o mundo, desde a Índia, África, regiões asiáticas, Europa, América Latina, incluindo o Brasil, onde alguns grupos conservam as populações seminômades, conhecidas por "Ciganos que permaneceram na Pátria" são os Lambadi ou Banjara. Esse povo tão místico sobrevive hoje de artesanato, comércio de tapetes, especiarias e arte difundida em metal. São regados a festas, música, magias e rituais intransferíveis, que auxiliam na perpetuação da sua cultura.

Baralho Cigano

Segundo estudos, o Baralho Cigano, tal qual o conhecemos hoje foi atualizado e difundido pelo povo cigano por volta de 1890, baseado em manuscritos deixados por Anne Marrie Adelaide Lenormand, nascida em 1772 e criadora do Baralho Lenormand.

Madame Lenormand ficou famosa por suas previsões no período da revolução francesa, e de outras profecias à alta sociedade (como a queda de Napoleão Bonaparte). Era cartomante, quiromante, astróloga, clarividente entre outros dons.

O Povo Cigano descobriu através das 36 cartas com figuras do dia a dia, a praticidade e eficiência da interpretação, e com o passar do tempo o oráculo foi associado à eles, levando assim seu nome. De fato, o Baralho Cigano é uma adaptação do Baralho Lenormand (criado na França no século XIX).

Correu o mundo com o povo nômade, e sua interpretação é psicológica e cósmica.

Este método de revelação do oculto não foi criado para ter suas figuras decoradas. O(a) cartomante deve sempre utilizar suas vibrações espirituais e intuitivas para a interpretação das disposições das lâminas, em busca de responder com eficiência as questões levantadas.

É utilizado também como instrumento de apoio a outros dons (como suporte para sensitivos e videntes), quando houver necessidade de respostas objetivas.

O Baralho Cigano responde às perguntas de forma específica, o que estimula a intuição e o contato com a espiritualidade.

Suas lâminas estão relacionadas com os quatro naipes que constituem a Cartomancia Tradicional. Copas, Ouro, Espada e Paus e correspondem aos quatro elementos alquímicos – água, terra, fogo e ar. Estes elementos representam respectivamente a emoção, a matéria, o espírito e a razão.

Através das cartas, é possível identificar os Orixás e Entidades atuantes na jogada, bem como decifrar as influências vibratórias do consulente, o que facilita no aconselhamento de banhos de energização e descarrego e ferramentas místicas compatíveis com as dos Mentores Espirituais.

Seguiremos agora, os métodos de disposição e descrição de cada carta, lembrando que elas devem ser estudadas e interpretadas, mas objetivamente não há necessidade de serem decoradas, uma vez que cada consulente apresentará uma energia diferente ao tarô, mudando assim, a disposição das cartas e sua leitura. Uma carta está associada à outra na jogada, o que permite uma revelação particular.

Exus e Pombagiras

Quando falamos sobre Exus e Pombagiras devemos ter em mente a palavra LUZ. Esta iluminação só é possível por sua atuação em meio a campos obscuros da espiritualidade, que necessitam de tratamento para que se tornem irradiações positivas novamente. Retratar esta linha de trabalho espiritual não é uma tarefa fácil, haja vista todo o preconceito muitas vezes imposto pelos próprios praticantes da religião, que por desconhecimento e despreparo de suas funções, optam por simplesmente não trabalhar, ou diminuir o período de desenvolvimento mediúnico com os Guardiões.

Exus e Pombagiras são agentes cármicos, ou seja, são eles os responsáveis por parte do nosso resgate espiritual; são estas Potências Espirituais que os auxiliam com as questões terrenas, para que possamos cumprir nossa missão astral. Não devemos e nem podemos restringi-los a serviçal ao nosso dispor. Justamente pela fata de informação, muitos praticantes das religiões de matriz africana acreditam e disseminam que a linha de esquerda (oposto complementar da direita, sem sentido pejorativo) são apenas espíritos desordeiros e sem luz, que vêm para que possamos obter facilidades e corromper o livre arbítrio de alguma forma, sendo escravos dos Orixás.

Convido à reflexão: se em uma suposição, estes espíritos realmente fossem os ditos 'escravos' dos Orixás e Guias e seus interlocutores, como poderiam mesmo assim, fazer o mal, haja vista que a linha dos Guias é de amor, caridade e luz? Mesmo que se queira dar esta explicação, ela seria contraditória. Não posso dizer que meu Orixá é iluminado, se digo que meu Guardião separa casais ou aceita prejudicar quem quer que seja da forma que seja.

Devemos respeito a atuação dos Guardiões, pois é através dela que caminhamos no plano terreno com segurança. Os ditos Policiais Espirituais nos defendem e nos protegem, inclusive de nós mesmos, dos nossos pensamentos torpes e distorcidos da vida; eles nos ensinam que tudo o que fizermos será cobrado em vida e julgado após o desencarne.

Exus Pagãos, Batizados e Coroados

Mesmo com o fácil acesso a informações e com os milhares de templos de Umbanda localizados no Brasil e no mundo, a discussão sobre a atuação dos Exus e Pombagiras ainda beiram o desconhecido, para a maioria das pessoas. São Entidades que agem diretamente em nossa defesa e aplicam os retornos necessários, a nossa e também a sua própria evolução. O fato é que existem sim, três classificações evolutivas aplicadas a eles, que pode modificar de acordo com seu aprendizado.

Dentro da denominação "Exu" e "Pombogira" são considerados em primeiro grau Espadados, ou seja, sem nenhum conhecimento de sua condição e estão sem caminho definido, aguardando seu recolhimento por uma falange. Quando recolhidos por uma falange, seus graus são: PAGÃOS, BATIZADOS e COROADOS. Estas denominações irão afetar sua hierarquia dentro da falange, sua evolução no plano espiritual e consequentemente sua atuação em Terra.

Então se define:

- *EXÚ PAGÃO*: Este espírito não tem discernimento entre BEM e o MAL, e pode usufruir do nome da falange que o acolheu para trabalhar em malefício de alguém em troca de oferendas. Pode evoluir na classificação, se demonstrar interesse na aprendizagem. Quando pego dentro da falange realizando magia negativa é punido (gerando uma pendência cármica a quem pediu) e se não houver interesse de ascensão recebe a nomenclatura Kiumba (Espírito de trevas com chance de regeneração limitada).

- *EXÚ BATIZADO:* Este é um espírito mais evoluído que busca dentro da falange o seu crescimento. Sabe distinguir o BEM do MAL, e pratica-os em plena consciência. Está a serviço do Bem, mas a postura do médium pode influenciá-lo.

- *EXÚ COROADO:* Recebem esta classificação através do processo de aprendizagem, e compreendem que apenas a prática do BEM levará os Espíritos e os seres humanos a evolução, sendo assim não praticam o MAL. Usa de sabedoria nos terreiros e se assemelha aos Pretos Velhos e aos Caboclos por sua postura.

Lembro que o processo evolutivo cabe tanto a nós quanto aos Guardiões, e que atitudes deturpadas irão refletir diretamente na ascensão e classificação do(a) nosso(a) protetor(a). Seja responsável com seu dom e principalmente, com sua missão.

É de suma importância que possamos desmistificar os Exus e as Pombogiras não apenas dentro da Umbanda, mas perante a sociedade, que associam erroneamente estes espíritos ao diabo cristão. Eles não são agentes do mal, mas sim, mentores de fundamentos complexos, atuação dinâmica e seriedade na execução da Lei do Karma. Tornam a fumaça de um charuto em defumação e o gole de um marafo em benzimento; sua risada é desagregadora de miasmas astrais e sua dança faz parte da ritualística, desmanchando demandas, protegendo médiuns e assistência, afastando espíritos trevosos. Recebem sempre a irradiação de um Orixá, não por obrigação, mas por comunhão, mantendo o equilíbrio do médium (direita e esquerda trabalhando em conjunto, em harmonia.).

Devemos lidar com nossos Guardiões com mais seriedade e preparação, para não difundir seu poderoso e iluminado trabalho nos terreiros de Umbanda como um show de ostentação desnecessária e de malefícios.

Umbanda tem fundamento, em todas suas atuações, e é preciso preparar.

Laroyê Exu! Exuê é mojubá!

Maria Padilha - Encarnação

Esta é uma das dezenas de versões da história de vida de Maria Padilha. Cada uma delas tem sua verdade, e não estou aqui para anular nenhuma outra, afinal, existem várias entidades que se utilizam desta nomenclatura e roupagem fluídica para atuar nos terreiros, com sua própria estória de vida telúrica.

A história conta que Maria de Padilha era uma jovem muito sedutora que foi viver no reinado de Castela como dama de companhia de Dona Maria, mãe de Dom Pedro I de Castela (O cruel). Com seu tio como um tutor, ela também era herdeira de sangue nobre, devido a influência de seu pai na corte espanhola.

A lenda conta que Dom Pedro de Castela já estava noivo de Dona Blanca de Bourbon, uma jovem pertencente a corte francesa, que foi enviada para Castela para casar-se com Dom Pedro porquê este estava já para assumir o Reinado do pai, no ano 1350.

A jovem Maria de Padilha e o Rei de Castela depois de apresentados, fulminaram-se de paixão um pelo outro e mesmo as escondidas começaram um grande caso de amor, e sabiam que jamais seria aceito por suas famílias e tampouco pela corte.

Dom Pedro I de Castela, não queria casar-se com Dona Blanca de Bourbon, mas este casamento traria excelentes benefícios políticos para a corte Espanhola e Portuguesa.

Dizem que Padilha, trabalhava na magia com um judeu cabalista e que este a ensinou muitas magias e feitiços, e através da manipulação do oculto conseguiu dominar o Rei de Castela completamente. Conta a história que ela foi uma das grandes responsáveis pelo o abandono ou morte de Dona Blanca de Bourbon pelo Rei (abandono ou morte por que existem várias versões de seu fim: alguns livros indicam que Dona Blanca foi decapitada ao mando do Rei; outros citam que ela foi abandonada por ele e devolvida a sua família na França por ele ter assumido seu amor por Maria de Padilha).

Depois do sumiço de Dona Blanca passou a viver com o Rei em seu castelo em Sevilha, palácio que foi construído e presenteado à Maria de Padilha pelo seu amado Rei de Castela, e lá ela deu quatro filhos ao Rei sendo que o primogênito morreu em idade tenra.

Ao contrário do que conta muitas histórias publicadas desta grande entidade, Maria Padilha morreu antes do Rei de Castela e este fez seu velório e enterro como de uma grande Rainha, exigindo que seus súditos beijassem as mãos da sua amada, falecida nem decorrência da peste negra, e a enterrou nos jardins de seu castelo. O Rei anunciou ao seu reinado que havia casado com Maria Padilha as escondidas, e desejava que seus filhos com ela fossem reconhecidos como herdeiros do trono, e a imagem de Maria Padilha diante do povo fosse de uma Grande Rainha.

Um ano mais tarde ele se casou novamente, mais nunca escondeu que o grande amor de sua vida tinha sido Maria Padilha, e o povo sussurrava nos quatro cantos do reino que o feitiço lançado ao Rei pela poderosa Padilha seria eterno!

Alguns anos depois o Rei de Castela veio a falecer pelas mãos de seu meio irmão bastardo que acabou assumindo o seu posto de Rei de Castela. O corpo do rei deposto foi enterrado a frente da sepultura de sua Amada Rainha Padilha, onde foram construídas duas estátuas uma em frente a outra, para que mesmo na eternidade os amados nunca deixassem de olhar um pelo outro.

O Início da Jornada

Mesmo com muitas versões sobre sua incorporação inicial, a que mais se acredita/reproduz é a de que a entidade de Maria Padilha fez sua primeira aparição em uma mulata no tempo da corte de Dom Pedro II no Brasil, em uma sessão de Catimbó. A entidade muito faceira e dominante das artes da feitiçaria se apresentou com Dona Rainha Maria Padilha de Castela. Contou a sua história em detalhes e comunicou que depois dela outras Padilhas (que nem sempre terão "Padilha" em seu nome) viriam para fazer parte da sua falange.

Com o nascimento da Umbanda, Maria Padilha utilizou de seus conhecimentos magísticos e de seu desejo de ascensão no Plano Espiritual para adentrar na chamada Linha de Esquerda (ou Quimbanda) para efetivar o início de uma grande jornada de regeneração Astral.

Características

Erroneamente está relacionada ao luxo, prostituição, homens, dinheiro, joias, boa vida e aos jogos de azar, por ser liberta de convenções sociais ou da submissão ao masculino. Na verdade Maria Padilha retrata o poder da psique e do feminino, da sensualidade e sexualidade das mulheres sem dogmas patriarcais, e é envolta na leveza da bravura e o resgate das boas vibrações em todas as camadas da vida humana, através da sua falange. Suas danças ritualísticas nos templos podem incluir passos das ciganas em alguns momentos, mexendo sensualmente seus braços, como quem desfruta plenamente de seduzir com o corpo em movimento. Estas danças são os códigos espirituais ritualísticos das mais variadas finalidades – todas visando o bem e o resgate. Seu porte é altivo, orgulhoso, majestoso, e possui as características das mulheres que não tem medo de nada.

Ainda incompreendida e confundida por sua magnitude, é muito requisitada para atrair amantes e amarrar parceiras/os, não sendo esta sua função ou atuação verdadeira dentro da espiritualidade (e de nenhuma outro Exu, Pombogira ou Guia. Por isso a importância dos pontos riscados e ferramentas magísticas; são estas as garantias que não se está trabalhando com eguns, kiumbas e/ou obsessores, que frequentemente tentam se passar por entidade idôneas e desenvolvidas). Temida por sua frieza e seu implacável poder na questão de demandas, age principalmente no campo psicológico tanto dos consulentes e assistência quanto do seu próprio médium, disciplinando e sendo disciplinada de acordo com as particularidades de seus cavalos – como são chamados os médiuns – (ser humano que influencia diretamente nas posturas em terra e nas execuções de "trabalhos para todos os fins", de acordo com suas intenções e campo vibracional).

A definição "pombogira", "pomba gira", ou "pombojira", deriva de Pambu Njila, equivalente feminino ao orixá Exu da nação Bantu. Foi a correspondência gentil que a cultura popular deu a estas entidades.

Pombogiras como Maria Molambo, Maria Farrapo e Maria Navalha são Guardiãs que atuam junto à Maria Padilha, assumindo com ela a responsabilidade pelo resgate do Sagrado Feminino.

Ferramentas Magísticas

Consiste em elementos essenciais para a desagregação de miasmas astrais, demandas e todo tipo de má sorte, seja de cunho espiritual ou psicológico.

Retrato aqui os instrumentos mais comuns, lembrando que a imensidão desta Entidade de Luz ainda pode ter mais elementos agregados não descritos aqui.

- *Bebida:* Champanhe, Licor de anis, Martini, Campari, Mel.

- *Ebós:* Pata preta, pomba preta, cabra preta, levando fubá de milho, maçã e azeite de dendê.
- *Fuma:* cigarros, cigarrilhas.
- *Guia:* Seu fio de contas em geral é preto e vermelho. O preto representando sua atuação de limpeza das trevas e a resignação. Já a cor vermelha significa a energia da vida (terrena e astral). Algumas quando cruzadas na Linha das Almas, tem seus fios com contas brancas, sendo as mesmas tecidas de três em três ou de sete em sete. Na Calunga, pode mesclar o roxo, representando a transmutação.
- *Lugar:* Seu ponto de força pode ser na Calunga (Cruzeiro do Cemitério), nas encruzilhadas em formas de T, ou X (dependendo a escolha do lugar, a vontade da entidade), em praças (Linha da Figueira) e dependendo a ocasião em matas fechadas.
- *Ornamentos:* joias, perfumes, espelhos, batons, leques.
- *Rosas:* Rosas vermelhas abertas (nunca botões) em número ímpar, cravos e palmas vermelhas.
- *Símbolos:* pássaro, o tridente arredondado, a lua, a pimenta, o crucifixo, o sol a chave e o coração.
- *Vela:* de acordo com as cores de suas guias quando trabalham, podendo ser pretas e vermelhas, todas vermelhas e em certos casos, pretas e brancas, roxas ou ainda, todas brancas.

Linhas, Legiões e Falanges na Umbanda

O Plano Espiritual Mater possui um organograma impecável. Quando se trata de organização, todas as hierarquias são classificadas desde o Plano Astral até adentrar nos templos e serem dispostas nos mais diversos cargos e funções dos médiuns, de acordo com seu tempo de preparação, seu desejo (livre arbítrio) para assumir as responsabilidades consigo através das suas obrigações e de comprometimento com o Todo, quando dispões de sua mediunidade para ajudar ao próximo, visando o bem através da caridade e auxílio das Entidades de Luz do Plano Espiritual.

Eu não poderia classificar um tarô, inserindo Entidades que representam o Sagrado Feminino sem antes explicar (de forma resumida e de fácil compreensão) o que são Linhas, Legiões e Falanges dentro da Umbanda.

- *LINHAS:* são as legiões que pertencem a um determinado Orixá (centelhas divinizadas que representam aspectos da natureza, os protegendo como seus campos de força e atuação). Por exemplo, todos os Caboclos são regidos por Oxóssi, logo, a legião dos Caboclos é da Linha de Oxóssi.
- *LEGIÕES:* trata-se do grupo de espíritos que possuem as mesmas características e por essa afinidade irão ser chefiados na mesma Linha vibracional de um determinado Orixá. Usam a roupagem fluídica em geral de mesmo nome (Pena Branca,

Vovó Maria Conga, Exu Gato Preto e etc.), para identificar suas formas de atuação tanto em terra quanto no Plano Espiritual.

- *FALANGES:* se refere à grupos de legiões, que se unem para um campo vibracional específico. Mesmo quando é apenas uma entidade incorporada no terreiro, toda a falange daquela vibração está auxiliando nos trabalhos.

Como vimos acima, o sistema organizacional espiritual dispõe de classificações específicas que se entrelaçam para que de fato possa acontecer uma ascensão holística (corpo, mente e espírito) completa.

A Falange de Maria Padilha

No ápice da pirâmide hierárquica, sempre existirá uma Entidade Chefe que represente todas as atuações presentes nas entidades subsequentes, demarcando a finalidade daqueles trabalhos realizados por eles(as).

No caso da falange de Maria Padilha, podemos definir que sua atuação acontece para reestruturar o Sagrado Feminino individual (de mulheres e homens, como o equilíbrio dos polos opostos, presentes em todo ser humano), regenerar sua conexão psíquica com o Plano Espiritual e nos ensinar sobre as responsabilidades de nossas escolhas. Esta falange resgata o bem-estar astral humano, sendo imbatível no que tange a quebra dos mais diversos tipos de demandas deletérias, justamente por trabalhar com o mais puro e livre arbítrio.

Algumas trabalhadoras desta falange estão presentes neste tarô por sua atuação implacável, buscando no mais íntimo do consulente as respostas e aconselhamentos em busca do autoconhecimento sobre as mais diversas áreas humanas. Através das lâminas nos mostra que muitas vezes as maiores questões a serem resolvidas são conosco, por nossa conta, por nossas escolhas. Nos lembra o quanto é fácil julgar o outro como o detentor das nossas mazelas, mas que tudo isso somos nós que permitimos. Que está em nossas mãos (sempre esteve e sempre estará) a chave para todas as respostas; a chave da nossa felicidade, que é diária, constante, pessoal e intransferível.

O Tarô

Iconografia

Quem se utiliza deste sistema oracular deve conhecer e estudar o significado simbólico (imagens) de cada carta, e as possibilidades que cada uma delas oferece para que então, se possa interpretar como um todo. Levasse sempre em conta a intuição e a sensibilidade, consequência da vibração com a espiritualidade no momento da leitura.

A riqueza figurativa auxilia na associação com a comunicação do Plano Espiritual através da atuação da falange de Maria Padilha e suas ferramentas magísticas, para que de forma objetiva, possam transmitir os aconselhamentos a serem dados.

Figuras Representativas e Teoria

Este tarô foi desenvolvido com base no baralho cigano, e preserva os significados elementais da natureza, mesmo que estes (naipes) não estejam ilustrados carta a carta (classificadas em quatro grupos de nove cartas cada e seus respectivos elementos alquímicos). Aspectos negativos e positivos são interpretados por intermédio de mediunidade e intuição, sempre respeitando a disposição das cartas (de acordo com o método escolhido).

Preservar os elementos da natureza no tarô é uma adaptação cigana para desagregar energias pertinentes ao consulente. Através da vela (indispensável para os atendimentos), se concentram os quatro elementos. A água (COPAS) através da cera, a Terra (OURO) pelo pavio, o Fogo (PAUS) é a chama e o Ar (ESPADA) mantém acesa a chama.

COPAS: Elemento Água. Abrange assuntos ligados às emoções, a vida afetiva, ao 'estar'. É a sensibilidade, os amores, os prazeres, os sentimentos profundos, os sonhos, as fantasias, os dons artísticos e psíquicos.

PAUS: Elemento Fogo. Abrange assuntos ligados à criatividade e imaginação. Associasse a espiritualidade, vontade, ao desejo, a motivação, a energia, ao desenvolvimento, a inspiração, o crescimento.

OURO: Elemento Terra. Abrange questões de dinheiro e bens materiais. Tudo o que é tangível e adquirido, como concretização material e inteligência prática.

ESPADAS: Elemento Ar. Abrange os assuntos ligados à mente. É o campo das ideias, do pensar, da ação do Verbo, ao raciocínio teórico, filosófico e intelectual. A maturidade e ao equilíbrio que propiciam os canais para as energias de renovação. É a luta e a busca pela verdade.

O sinônimo teórico mesmo adaptado, não diverge do sentido unitário holístico e espiritual.

Guardiã do Resgate: o Significado das Cartas

A ideia aqui não foi reinventar a roda, mas possibilitar novas formas de interpretações por meio da Guardiã Maria Padilha, suas ferramentas magísticas, sua falange e entidades chamadas 'comadres' (parceiras nos trabalhos espirituais).

01 - A Coragem

O Caldeirão

02 - A Espiritualidade

Quartinha

01. A Coragem / O Caldeirão

Esta carta representa o a ferramenta vigor e ousadia para a ação, que irá concretizar o que ainda está no campo das ideias. Com sabedoria e cuidando do seu psicológico, as notícias positivas se farão presentes em breve, por seu mérito e esforço.

Sombra: Seu desalinhamento mental é seu principal obstáculo! Reorganize seus pensamentos e atitudes para que seus sonhos não sejam boicotados por você mesmo!

Representação: *O caldeirão representa o recipiente de todas as transmutações, um instrumento indispensável nos trabalhos com o Sagrado Feminino. Seu conteúdo pode variar entre os quatro elementos alquímicos, de acordo com as necessidades no momento dos ritos. Algumas qualidades de Maria Padilha trabalham com esta ferramenta para revelações e impulsionar a vida daquelas que procuram por sua ajuda.*

02. A Espiritualidade / Quartinha

Seu lado místico revela que pequenos empecilhos estão atrasando sua evolução e a conquista dos seus objetivos. É preciso transcender este período com aconselhamentos do seu próprio Plano Espiritual. Analise com mais prudência suas decisões.

Sombra: Desgostos e incerteza por não confiar em sua intuição. Aprenda a guardar mais seus planos para si, até consegui concretizá-los.

Representação: *Significando a Energia Criadora Universal, a quartinha simboliza o Útero Astral que gera, forma, revigora e faz renascer. E assim é a Espiritualidade, seja na linha de Direita ou nas linhas de Esquerda: nos permite o livre arbítrio, aconselha e auxilia na jornada. Aqui trata-se da quartinha feminina (com alças), moldada no barro, pois a energia deste tarô responde ao Feminino da Pombogira Maria Padilha.*

03. A Viagem / Maria Padilha da Praia

A grandiosa jornada é a vida, com suas mudanças internas e externas constantes. É preciso enfrentar estas adaptações por mais demoradas e difíceis que pareçam, pois, o resultado é benéfico e necessário! Também é a carta dos negócios favoráveis e prósperos.

Sombra: o medo do desconhecido lhe impede de agir. Saia da zona de conforto e se permita ressignificar sua vida! Não descuide da sua saúde física e mental, principalmente por risco de depressão.

Representação: *Esta belíssima entidade de Umbanda teve sua vida terrena marcada pela violência e abuso no sertão nordestino, e na busca de uma vida melhor mudou-se para o litoral. De prostituta à dona do prostíbulo, passou por muitos abortos e também vendia estes serviços, e teve de adaptar-se muito para sobreviver. Quando desencarnou, foi acolhida no Plano Espiritual, através da falange de Maria Padilha.*

Seus trabalhos em terra são intensos e incitam seus consulentes a interromper ciclos de ações viciosos. Maria Padilha da Praia representa a reavaliação da vida terrena e a necessidade de enfrentar as adversidades físicas e mentais.

04. O Lar / Trono

Refere-se à solidificação da estabilidade emocional e física do lar interno. Indica a harmonia Astral para assumir a própria vida. Aqui as questões afetivas também se mostram favoráveis, bem como os negócios.

Sombra: é preciso bloquear os pensamentos negativos, que adentram seu ser como desmotivação, desestruturado sua autoestima.

Representação: *O trono significa a evolução constante que só é possível quando se assume erros e acertos terrenos (desta vida e das vidas passadas) e espirituais (para com as responsabilidades psíquicas do resgate cármico). Demonstra o Eu Exterior assentado e posicionado ao*

05 - O Progresso

Maria Padilha das Matas

caminho do bem. Aqui descreve o 'próprio lar', ou seja, seu próprio caminho, concretizado de acordo também, com as possibilidades externas.

O trono de Maria Padilha é um objeto de materialização nos templos, e demonstram a força e a responsabilidade que aquela Entidade possui em suas atuações terrenas, e que ela está devidamente coroada.

05. O Progresso / Maria Padilha das Matas

Remete às raízes pessoais, que com a correta manutenção tem seu crescimento estruturado. Campo fértil em todas as áreas, que propicia progresso e estabilidade. Sua racionalidade é sua semente mais forte, para a tomada de decisões importantes.

Sombra: não absorva tantos problemas que não são seus. Esta característica atrasa sua evolução física, psicológica e espiritual.

Representação: *Esta é uma Pombogira que não é comum baixar em terreiros, e mesmo quando confirmada para um/a médium atua mais no Plano Astral, por sua atuação nas ordenanças de Oxóssi que a coloca como representante de esquerda na linha das folhas.*

Quando encarnada, dominava todas as artes com ervas e era a responsável pela manipulação delas em sua aldeia. Apaixonou-se perdidamente por "um homem branco" que costumeiramente comprava os óleos produzidos pelo clã, e matou toda sua família por ciúmes. Foi punida por sua própria tribo por desonra às suas origens, e em meio ao cárcere, a tristeza e a alimentação restrita, faleceu. No desencarne foi primeiramente resgatada pela linha de Caboclos, e por suas atuações no Plano Espiritual foi encaminhada para a falange das Padilhas, na linha de Esquerda. Quando Maria Padilha das Matas é evocada, na maioria das vezes não diz sua atuação (Matas) mas apenas sua linhagem (Padilha). Trabalha curando doenças ocasionadas por demandas deletérias, atuando ainda em qualquer área que suas folhas possam ser usadas na linha de Exus.

06. A Tristeza / Cigarrilha

Crise que incapacita momentaneamente. Existe uma grande conturbação mental, que desestrutura a vida pessoal, as finanças, o trabalho e a saúde. É preciso sair do campo das utopias e colocar os pés no chão. O Plano Espiritual aguça sua mediunidade, é preciso ouvir mais sua intuição, e agir para que esta fase encerre seu ciclo.

Sombra: apesar de ser uma carta de sentido negativo, além de ser o sentimento extremo de insegurança pode significar problemas de saúde ainda não descobertos, também depressão e ansiedade que necessitem de intervenção médica.

Representação: *A cigarrilha de Maria Padilha (bem como de toda entidade de luz na esquerda) representa a desagregação dos miasmas astrais e mentais através da defumação com a fumaça. Não se trata de alimentar um vício mundano (uma vez que a Entidade não 'traga' o cigarro ou o charuto), mas de queimar todas as energias negativas presentes no consulente e no local, e é isso que faz através dessa carta.*

07. A Traição / Maria Padilha do Cabaré

Revela nosso próprio lado sombra. Desavenças e aborrecimentos se fazem presentes tanto por intrigas como por nossas atitudes agressivas. É uma carta que exige atenção aos perigos físicos e emocionais. Também representa o campo da sexualidade e do sexo, e o aconselhamento é para que assuma seus desejos e seu corpo com naturalidade. Se associada à uma jogada positiva pode representar saúde e/ou gravidez.

Sombra: traição no relacionamento afetivo e/ou círculo social. Pessoas estão lhe desestruturando intencionalmente.

Representação: *Eis aqui uma das pombogiras mais conhecidas e atuantes nos terreiros: Maria Padilha do Cabaré.*

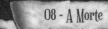

Em uma de suas estórias terrenas, diz-se de uma adolescente de 13 anos que fugindo da mãe que a maltratava, foi morar em um cabaré. Famosa por ser a "prostituta virgem", seduzia os homens e os roubava (e quando tentavam tocá-la ela os matava), e assim seguia imaculada. Acabou ganhando seu próprio cabaré de um Rei, que por ciúmes este a estuprou e com suas próprias mãos a matou. Sua chegada no Plano Astral foi conturbada, pois não aceitava seu desencarne e nem assumia as responsabilidades de seus atos. Quando finalmente encontrou a jornada de Luz, identificou-se com as atuações das Padilhas, e hoje trabalha na cura de traumas e doenças de cunho sexual e da vida afetiva, além de ser uma trabalhadora exímia em todas as outras áreas.

Representa aqui todos os aspectos humanos, sem ignorar nosso lado sombra.

08. A Morte / Maria Padilha das Sete Catacumbas

A ordem natural dos ciclos, que têm início, meio e fim. É a necessidade de deixar o passado para trás para reiniciar seus projetos. Existe um apego demasiado ao que já aconteceu e isso desgasta sua energia vital e espiritual, atrasando sua jornada. Renove-se! Grandes transformações e heranças podem estar em seu caminho.

Sombra: a carta da morte física, fraqueza, doenças graves, fim de relacionamento e perda de emprego.

Representação: *Dentre várias histórias terrenas, conta-se uma em que ela era uma bela jovem cobiçada por um padre em um pequeno vilarejo. Conhecedora dos poderes das ervas e cristais, vivia simploriamente até ser acusada de bruxaria e trancafiada em uma masmorra do convento, onde foi estuprada não apenas pelo herege que a desejava, como por diversos outros integrantes do clero. Certo dia, certos de que a jovem não oferecia nenhum risco enquanto era torturada, ela tomou uma faca de um dos clérigos e matou sete deles. Seu algoz à condenou*

a fogueira, e ela aceitou sem nenhuma resistência, pois qualquer coisa era melhor que ser uma escrava sexual.

Quando chegou ao Plano Espiritual prontamente aceitou a necessidade de resgate cármico e foi recebida pelo Seu Sete Catacumbas, adentrando a falange das Padilhas. Com trabalhos intensos nas linhas de desmanches de feitiços, abomina os pedidos de amarrações e segue trabalhando de forma ímpar na proteção.

Hoje nos terreiros representa os fins e inícios dos ciclos, através do campo de atuação nas tumbas dos cemitérios.

09. A Felicidade / Chapéu

É um momento de plenitude e bom agouro em todas as áreas da sua vida! Sua conexão com a Espiritualidade favorece as oportunidades e as reconciliações. Demonstra uma pessoa generosa, sábia e que distribui bondade. É o momento certo para se dedicar ao que mais ama. Lucro nos negócios.

Sombra: cuidado com os sentimentos de vaidade quando se é altruísta demais.

Representação: *Ligado diretamente à defesa da coroa da/o médium dentro e fora da incorporação mediúnica, o chapéu de uma pombogira representa sabedoria e proteção. Neste tarô o chapéu é um fundamento que representa orgulho e alegria do vínculo de confiança espiritual, e auxilia nas reflexões.*

10. A Mensageira / Maria Padilha das Almas

Esta carta significa o "não" nas perguntas objetivas (e de acordo com a disposições das outras lâminas).

Advertência sobre o corte de situações ou pessoas que atrasam sua evolução. Se isso ocorre por influência sua, existirá uma inserção

brusca nas reflexões profundas sobre sua vida, e você deve ser mais franco com você. Pode revelar o enfrentamento pessoal para colher exatamente o que você plantou, para que este solo seja preparado para novas sementes.

Sombra: rompimento amoroso, perda material, desgaste emocional e falta de conexão com o Plano Espiritual. Quando acompanhada da carta 08 – A MORTE, significa morte física.

Representação: *Em uma de suas encarnações foi uma mulher casada socialmente exemplar, e uma católica tão fervorosa que pela frequência na igreja apaixonou-se pelo padre. Deste caso avassalador, ficou grávida e como este recusou-se a fugir e assumir a criança, ela o esfaqueou no altar da igreja e em seguida tirou sua vida, cortando seu próprio pescoço. Vagou desolada pelo arrependimento entre o Plano Astral e as visitas assombrosas à igreja que cometera o ato, até encontrar redenção com a linha das Almas e ser inserida na falange das Padilhas.*

Hoje, Maria Padilha das Almas trabalha nos templos dando acalento e força aos que a procuram, para os mais diversos assuntos e cortando as ligações de baixa magia dos terreiros. Trabalha diretamente com seu Tranca Rua das Almas, e assume com este Exu o comando da calunga, sob a ordenança de Omulú.

11. A Contrariedade / As Velas

Obs.: Esta é uma carta neutra, que depende exclusivamente das cartas ao redor para sua interpretação.

Retrata a liderança, um nível de inteligência acima do comum e o poder. No campo astral, retrata o contato direto com seu Eu Superior.

Sombra: Feitiços de ordem deletéria contra você, discórdias, uso deturpado da energia sexual, falha de caráter, propósitos que se dispõem a se aproveitar da bondade de outras pessoas para atingir seus objetivos.

Representação: *As velas possuem dezenas de simbolismos, e neste tarô representam os quatro elementos alquímicos que criam o vínculo necessário entre Plano Espiritual e Plano Físico, possibilitando assim as revelações do oculto. É através das velas que fortalecemos nossas comunicações com nossos Mentores tanto quanto desagregamos feitiços contra nosso corpo e espírito.*

12. O Tempo / Maria Padilha Cigana

Período de leveza e boas notícias, principalmente no campo afetivo e de uniões profissionais. A paciência que se construiu dia a dia fortalece comunicações mais assertivas. Esteja atento/a nas pequenas alegrias diárias, pois elas lhe trarão mais leveza.

Pode representar mais de um filho na gravidez ou sobre seus herdeiros.

Sombra: Cuidado com as fofocas e compras fúteis que podem gerar dívidas. O envolvimento amoroso/sexual com pessoas comprometidas lhe trará grandes aborrecimentos e difamação. Ciúmes e inveja abrem seus caminhos para a fadiga e estresse emocional e físico.

Representação: *Quando no plano terreno, pertencia à um clã cigano, e aprendeu as leituras da sorte na palma da mão e as magias para o amor. Portadora de uma beleza inconfundível, viajava e arrastava o coração dos homens. Pouco lembrava de sua infância, até que na passagem por uma cidade percebia que todos lhe olhavam admirados e assustados. Descobriu que fora sequestrada pelos ciganos, e que aquele reino era seu por direito. Tomada pela ira de ter sido privada dos luxos que teria tido como princesa, aprisionou seu clã e os condenou a trabalhar até a morte, sem direito à comida ou água.*

Acabou morta enquanto dormia, por um ataque à seu Reino. Chegou ao Plano Astral, disposta a compreender suas existências, e lhe

foi permitido que vestisse a roupagem fluídica de Maria Padilha, trabalhando com as ferramentas ciganas.

Maria Padilha Cigana é muito procurada por muitas mulheres que têm dificuldades em engravidar, mas seu poder abrange também a fertilidade sentimental, material e astral.

13. A Esperança / Maria Padilha Menina

Seu lado criativo e puro. Os sentimentos são intensos e verdadeiros, e as aspirações devem partir de dentro, do seu lado mais espontâneo. Sua criança interior habita em sincronismo com o Cosmo, e as energias vitais são renovadas para a chegada das boas notícias. Ainda sugere gravidez (de acordo com as cartas que à acompanham) ou significa alguém jovem (até 16 anos).

Sombra: Sua imaturidade afasta as pessoas e as oportunidades do seu caminho. A ingenuidade lhe faz acreditar em pessoas com más intenções, e lhe deixa vulnerável aos ataques espirituais. Seja mais responsável com as coisas que se compromete.

Representação: *Este é um das dezenas de relatos da vida desta Entidade. Tratava-se de uma menina rejeitada pela mãe por ser fruto de um adultério, e que foi vendida por alguns alimentos. Tornou-se empregada e com apenas 16 anos tinha que dar conta dos afazeres de uma grande fazenda. Mesmo com sua situação de aprisionamento, era alegre e fazia tudo com primor. Com seu corpo ganhando forma de mulher, passou a ser cobiçada pelo filho do patrão (e retribuía essa paixão) que estava disposto a qualquer coisa para casar com a menina, para então tocá-la. Quando descobertos, o pai do rapaz mandou que a trouxessem e obrigou o filho a assistir ela ser torturada, estuprada e morta, pois ele já tinha arranjado o casamento do filho com uma moça da cidade.*

Ela chega aos campos astrais sem de fato compreender qual erro cometeu. Com o tempo, soube de outras vidas, na qual cometia atro-

cidades diversas, mas que não conseguiu resgatar na última existência devido sua morte prematura. Adentrou a falange das Padilhas com a roupagem de Menina, e sempre atua com maestria quando o assunto exige espontaneidade. Ela realinha a pureza interior, auxiliando para quebrar os mais diversos vícios.

14. A Cautela / Maria Molambo

É o pedido de precaução. Você tem a sagacidade necessária para não cair em armadilhas energéticas e humanas. Reaja com prudência perante os problemas e a solução será mais clara.

Fique atento as falsas promessas de dinheiro ou o gasto exacerbado dele. O desafio aqui é para identificar de qual quem realmente quer seu bem e quem lhe faz uma emboscada.

Sombra: A descoberta da traição no relacionamento e/ou da deslealdade de um suposto amigo/a pode lhe fazer agir de forma ardilosa: não faça isso com você!

Representação: *Esta pombogira possui sua própria falange, e também transita no auxílio da sua comadre Maria Padilha.*

Uma das estórias fala de uma jovem rica que por pressão social, casou-se com o filho de um Rei, para unir forças e fortuna. Sofria diversas violências após o casamento por não engravidar, e tirava forças das suas ações na comunidade, auxiliando quem precisava. Durante suas visitas ao povoado, envolveu-se com um jovem e engravidou: foi sua condenação. O Rei ordenou que a jogassem no rio, com uma grande pedra amarrada à seu corpo, e assim ela morreu afogada.

Já em espírito, recebeu a responsabilidade de uma falange, que carrega seu nome. Seus trabalhos ensinam sobre amor ao próximo e a si mesmo, além da caridade e da Lei do Retorno imediato.

A belíssima Maria Molambo com sua personalidade forte adentra este tarô para nos ensinar a paciência e a busca racional pelas soluções.

15 - A Inveja

Dragão

16 - O Êxito

Maria Quitéria

15. A Inveja / Dragão

Em seu aspecto positivo retrata os grandes empreendimentos, sucesso nos negócios e a extrema lealdade de amigos (físicos e espirituais). Ainda fala da energia sexual que bem canalizada, pode lhe auxiliar no processo de reequilíbrio como um todo. Mantenha seus projetos alinhados com a realidade e em segredo.

Sombra: Sua proteção exagerada sob certas pessoas extingue suas energias. Amizades falsas estão minando seus planos e por isso o atraso na realização deles. Momento crítico com pré-disposição à violência física, possessividade e dissimulação. Domine melhor seus impulsos!

Representação: *O dragão está presente na maioria das mesas primordiais. Representa poder e os ciclos cósmicos, presentes no dia a dia de cada um de nós. Se faz presente neste tarô como "opostos complementares", a energia que transmuta ou que destrói, de acordo com as intenções das energias direcionadas.*

16. O Êxito / Maria Quitéria

Momento propício para a realização das suas metas. A carta demonstra que você possui proteção e iluminação do Plano Espiritual para concretizar seus propósitos. Existe a emanação Divina ideal para que alcance seus desejos. Não é momento para dúvidas, uma vez que o Cosmo reflete sua autoestima. Sua mediunidade está aflorada e pronta para mais um passo de autoconhecimento.

Sombra: Seus pensamentos vibram em canais negativos, prejudicando seu discernimento sobre as situações. Ainda pode revelar o ataque de obsessores espirituais, que sujam seus canais de comunicação com o Plano Espiritual, bloqueando sua luz.

Representação: *Em vida assistiu sua família ser morta à mando do Rei de Portugal, pois seus bens agora pertenciam a Coroa. Se criou por ciganos até que fugiu para o Brasil e se tornou uma andarilha. Muito bondosa, impediu uma senhora de ser morta desferindo um golpe de faca no homem, e teve seu rosto marcado pelo agressor que jurou vingança. Passado algum tempo, ele a encontrou dormindo em uma praça, e a matou.*

Recebida por Oxalá, relata-se que Maria Quitéria é a pombogira mais antiga existente. Auxilia em todas as falanges e é sempre muito direta em suas consultas.

Neste tarô reflete o vigor emanado da Espiritualidade, que reluz em autoestima.

17. A Mudança / Bola de Cristal

Indica a quebra de um ciclo de forma inesperada e positiva. Os caminhos estão abertos e favoráveis à mudança de casa, de emprego, de planos e viagens. É a reforma íntima que possibilita um olhar mais carinhoso e esperançoso para um futuro muito próximo.

Se a carta 13 – A ESPERANÇA sai na mesma tiragem, indica possível gravidez.

Sombra: vícios nocivos (físicos ou mentais) podem anular sua evolução. Não perca o ânimo perante as mudanças, pois elas são cruciais nesta fase da sua jornada.

Representação: *A bola de cristal vem como uma lâmina de restauração espiritual, além do seu sentido divinatório. Com seu formato cilíndrico demonstra os ciclos infindos do ser humano em resgate, e de acordo com seu material a transformação das situações que podem e/ou devem ser modificadas.*

Nas mesas para aberturas de cartas tornam-se verdadeiros portais, para limpeza e energização dos consulentes.

18. A Fidelidade / Incensos

Representa a lealdade, companheirismo e a honestidade que lhe cerca em forma de amigos carnais e espirituais. Representa ainda seu Anjo da Guarda e Mentor Espiritual, que tem lhe auxiliado em suas inspirações e decisões. Você tem defesa para todas as situações.

Sombra: É preciso ter mais atenção com as pessoas que fazem parte da sua vida de forma ativa, e ser mais seletivo/a quanto a elas/es. Exercite mais sua intuição.

Representação: *As propriedades presentes nas ervas que são utilizadas nos incensos independem de credos. Propiciam de alívio de estresse e ansiedade ao encaminhamento de espíritos à Luz. Além de perfumar os ambientes, facultam harmonização, concentração, disposição e todos os sentimentos de bem-estar, nos renovando por completo.*

Neste tarô representa o estímulo que recebemos pelos bons sentimentos daqueles que nos são próximos.

19. A Intimidade / Maçã

A reforma pessoal exige introspecção, para que haja elevação espiritual e o reencontro com aquilo que deseja para sua vida. É dentro de você que as respostas estão e é de sua responsabilidade escolher qual caminho quer trilhar. É uma lâmina ligada diretamente ao carma, por isso, esta predestinação deve acontecer o quanto antes.

Sombra: O isolamento em demasia se torna em solidão e pensamentos recorrentes que não irão ajudar no processo de resgate cármico. Você é seu lar espiritual, preserve-se!

Representação: *Apesar da maioria dos sítios da internet, blogs e livros retratarem as maçãs das pombogiras como uso exclusivo para o amor, seus sentidos primordiais são a sabedoria, autoconhecimento*

e prosperidade, sendo desta forma incluída nas lâminas nas irradiações de Maria Padilha.

Aqui fala sobre a reflexão interna, que nos amadurece e aconselha.

20. A Família / Maria Padilha da Estrada

É o esforço que será recompensado. A convivência familiar estável que proporciona união e apoio para as mais diversas áreas. Um horizonte promissor se aponta, e sua força interior irá se externar para que as coisas que cultivou até agora sejam degustadas. A interação no meio social que lhe agrega experiência e valores. Também simboliza a cura de doenças físicas e psicológicas, através de terapias holísticas e homeopatia (sem obviamente anular qualquer tratamento medicamentoso).

Sombra: Projetos íntimos ameaçados por aconselhamentos invejosos. Disputas familiares nocivas ao emocional. Rompimento amoroso. Estafa para conclusão dos projetos de vida.

Representação: *Entre suas diversas passagens pela Terra foi uma mulher com fortuna e status, juntamente com uma vida infeliz ao lado de um Rei e seu filho. Cansada das traições do marido, das injúrias do afilhado e desejando ser livre, envenenara os dois pouco a pouco. Acabou sendo flagrada pelo futuro herdeiro do trono e o matou. Descoberta, foi trancafiada e abusada até a morte.*

Atualmente trabalha para a Luz e o bem com o nome de Maria Padilha da Estrada, sendo profundamente respeitada, transmitindo força e determinação ímpar. Liga-se também ao povo cigano por seu campo de força (estrada) e presa pela verdade e pelos laços de confiança adquiridos pelas boas vibrações.

21. O Inimigo / O Ponto Riscado

A longa e benéfica jornada de desbravar o desconhecido, rumo aos seus sonhos. Trata-se das firmezas de propósito para solidificar situações que muitos o apontam como incapaz de conquistar. Sinaliza também problemas de justiça e batalhas judiciais. Sua persistência moverá montanhas!

Sombra: Procrastinação. Perda de dinheiro e/ou bens, problemas pessoais de grande impacto, limitação quanto a ação. No campo afetivo pode sinalizar um divórcio litigioso. Saúde exige prioridade.

Representação: *Os pontos riscados simbolizam as grafias magísticas em diversas vertentes religiosas e místicas, nos contando uma estória ou abrindo/fechando portais. Estes diagramas evocam e expelem vibrações, energias e espíritos de acordo com os elementos descritos nas grafias.*

Está retratando esta lâmina como uma CARTA TRANSITÓRIA, pela necessidade do cuidado com sua manipulação e por sua extrema importância nos trabalhos de todas as linhas (direita e esquerda), pois se trata da identidade tanto da Entidade que o risca quanto do objetivo daquele trabalho.

22. O Caminho / Maria Padilha da Figueira

Você tem o direito e o dever de escolher seu destino. Os caminhos estão abertos, assim como as consequências. Discipline seus hábitos e haja com responsabilidade e positividade. Comece hoje sua reestruturação.

Sombra: A indecisão do que fazer afeta sua ação. É preciso ter mais atitude perante a vida, de forma imediata.

Representação: *Diz-se de uma mulher que dedicou sua vida ao sacerdócio, cultuando a natureza – ervas, flores, frutos – e a Deusa Mãe. Com o cristianismo instaurado obrigando à 'conversão', a sacerdotisa foi presa acusada de bruxaria. Mantendo sua fé, manipulava – como*

proteção e justiça – poções de veneno para servir aos clérigos abusadores. Acabou condenada à fogueira, junto a uma figueira.

Maria Padilha da Figueira tem sua atuação marcante nos terreiros. De poucas palavras, é extremamente objetiva em suas consultas, e raramente trabalha em áreas afetivas. Quando o faz, prioriza o livre arbítrio. Ensina sobre assumir as responsabilidades pelos nossos atos e como nada ocorre sem que você permita.

23. A Perda / Espelho Trincado

Você tem uma mente que trabalha rápido, quase de forma incessante: isso desgasta seu físico e seu mental. A carta revela uma culpa destrutiva, baixa autoestima, vícios e estresse acima do limite que qualquer um suportaria. Seus prejuízos vão além da perda/roubo financeiro: sua energia holística (corpo, mente e alma) estão esgotadas. Ainda relata inveja de pessoas próximas, traição (afetiva, de informações ou de fofocas) de amigos, parentes ou cônjuges e frustração profunda que inicia um processo de depressão.

Obs.: Esta é uma carta negativa, e deve ser interpretada com prudência.

Representação: *O espelho de Maria Padilha representa a sinceridade e a verdade. Nesta iconografia apresentasse trincado pois é o rompimento da honestidade, o desvirtuar das situações mediante o desgaste pessoal ou as mazelas sofridas por influências de terceiros. Quando um espelho se quebra as vibrações deletérias são liberadas, e precisam de encaminhamento. Busque nas cartas paralelas o aconselhamento para a resolução da questão.*

24. O Sentimento / Maria Padilha das Sete Rosas

Representa a intensidade das emoções. Tudo o que remete ao amor (para com filhos, pais, companheiros/as) e a entrega pessoal

motivada pelo amor próprio e ao próximo. Revela que os sentimentos estão à flor da pele e podem auxiliar na execução dos projetos mais esperado. Também remete ao lado afetivo, um momento de sedução e paixão propício aos novos relacionamentos e a renovação da relação já existente.

Sombra: Decisões baseadas em mágoa não auxiliarão neste momento. Suja das emoções de frustração que te levam ao ódio; no instante de tristeza respire fundo e deixe as escolhas importante para um momento de mais lucidez.

Representação: *A moça nascida na região serrana morava com seu pais em uma pequena cidade, até a chegada de um clã cigano. Completamente apaixonada por um dos membros, fugiu disfarçada de cigana, para viver seu amor que a família rejeitava. Ao passar dos anos, foi a vez do cigano que roubou a ela e ao seu coração abdicar da vida nômade, para que a amada e a filha nascida deste amor pudesse conhecer toda a história de sua mãe. Após serem perdoados e passarem a viver na cidade, em uma investida contra a barraca de bebidas de seu pai, a jovem foi morta. Neste local nasceram sete rosas, vermelhas, grandes e perfumadas.*

No Plano Astral Maria Padilha das Sete Rosas pode resgatar carmas de outras vidas, e caminhar em espírito ensinando a importância de todas as formas de amor e amar. Esta grandiosa trabalhadora quando evocada canta e dança para movimentar as energias do ambiente e de todos presentes.

25. A União / Maria Navalha

Relacionada à todos os tipos de associações: amorosas, financeiras, de amizade e parcerias para a realização de projetos. Tudo relacionado à contratações e papéis está em um ciclo benéfico e a seu favor!

No amor pode significar a consolidação do relacionamento.

Sombra: Um momento obscuro para novos negócios. Analise mais antes de se comprometer ou assinar parcerias na área financeira. Na parte afetiva cuidado com as expectativas que você nutre sobre o/a outro/a, pois a frustração pode lhe acarretar problemas de saúde.

Representação: *Uma jovem brasileira que tem sua história relatada numa infância de pobreza e abusos, que lhe fez amadurecer muito rápido e ensinou a ser forte para sobreviver. Nas ruas, bares e prostíbulos ficou conhecida por ser valente, generosa, defensora dos mais fracos e indomável, andando sempre com uma navalha escondida nas roupas. Por estes mesmos motivos fez muitos inimigos e pelas mãos de um deles ela morreu, atingida por uma facada pelas costas.*

Adentrou o Plano Espiritual na Linha dos Malandros, mas também possui passagens nas linhas de Pombogiras (de acordo com sua atuação), e agrega neste tarô como toda a sorte de parcerias prósperas.

26. O Segredo / As Pimentas

É a carta da psique. Trabalhe sua mente, doutrine suas emoções e raciocine de forma lógica para realizar seus projetos. Agora é a hora da prosperidade (financeira, pessoal, profissional e social) através da inteligência. O Universo está de portas abertas para que você absorva conhecimentos diversos (estudos, cursos).

No campo do ocultismo significa a revelação de um segredo, esteja preparado/a.

Sombra: Pode revelar uma demanda deletéria contra você e mentalizações que atrapalham sua racionalidade. Rompimentos definitivos podem ocorrer por imaturidade. Ciclos mentais viciosos têm afetado sua vida profissional e sua saúde: se policie. Cuidado com as pequenas mentiras, que podem prejudicar sua reputação.

Representação: *O elemento quente que representa a criatividade, a força, a limpeza e as revelações de Exús e Pombogiras. Das tronqueiras*

às defumações, elevam nossa espiritualidade e intensificam as comunicações com o Povo de Esquerda.

Neste tarô representam tudo o que deve ser descoberto, alinhado e prosseguido, seja do Plano Astral ou do Plano Físico.

27. A Notícia / A Taça

Representa as comunicações; aquelas notícias que estão na porta, prontas para entrar e avisar sobre determinadas situações. Propostas, convites, informações e notificações que farão a diferença para a tomada de decisões.

Quando em uma tiragem com a carta 21 – O INIMIGO, pode revelar problemas com a justiça.

Sombra: Você é um bom ouvinte, mas não para si mesmo/a. As pequenas pendências que se acumulam impendem as boas mensagens de chegar até você. Tenha cautela com as fofocas e não gaste energias com o que não lhe seja benéfico.

Representação: *A taça de Maria Padilha representa o recipiente da purificação. O marafo (bebida) que é colocado tem a função de desbloquear os plexos nervosos e possibilitar a comunicação entre Plano Espiritual e Plano Carnal (Entidades com corpo mediúnico e consulentes), motivo pelo qual representa a carta 27 deste tarô. Quando um Guardiões oferta uma bebida de sua própria taça ou copo, lhe oferece proteção, limpeza e reequilíbrio energético.*

28. O Homem / Tridente Masculino

Emanação do masculino: a força física, a materialização e a concretização de projetos. Pode tratar-se também de uma figura masculina próxima do consulente. É o momento da razão para ultrapassar os obstáculos cotidianos, que esgotam suas energias.

Sombra: Seja mais realista. Não é possível conquistar seus objetivos sem os dois pés no chão. O campo holístico revela seu desequilíbrio com seu 'eu masculino' (independente do gênero, todos possuímos este aspecto), o que lhe dá a sensação de incapacidade. Cuidado com pessoas invejosas ao seu lado.

Representação: *A força dos Exus é inquestionável. Na Umbanda é um Guia/Guardião (não Orixá) de Luz e suas atuações estão ligadas ao lado humano racional. Detentor dos caminhos de aplicação de Lei e da Ordem, trabalham sob ordenança dos Orixás, como opostos complementares. São imediatistas por vibrarem muito próximo ao nosso plano (telúrico), e cuidam com maestria do polo negativo (sem sentido pejorativo). O ponto riscado de uma Exu tem sua grafia base em retas: e representando que a Lei do Retorno é um caminho único.*

29. A Mulher / Tridente Feminino

Emanação de feminilidade: a força intuitiva, a criatividade e as conquistas através das emoções. Pode tratar-se também de uma figura feminina próxima do consulente. É o momento de buscar no interior e confiar na intuição para enfrentar os obstáculos cotidianos, que esgotam suas energias.

Sombra: Pede que confie mais na sua capacidade e habilidades, pois nem tudo se adquire na força. Sonhe mais e se realinhe com a natureza. O campo holístico revela seu desequilíbrio com seu 'eu feminino' (independente do gênero, todos possuímos este aspecto), o que lhe dá a sensação de incapacidade. Cuidado com pessoas falsas ao seu lado.

Representação: *A atuação das Pombogiras está ligada ao campo emocional como um todo (não se trata somente da área afetiva) e sua atuação além da aplicação do resgate cármico visa o reencontro com seu Eu Superior. Não são menos eficientes que os Exus nos desmanches de energias deletérias, pelo contrário, por atuarem na psique humana,*

agem de forma intensa. Representam o poder feminino, que gera, nutre e concretiza a partir do mental. O Tridente Feminino tem sua base arredondada, representando o ciclo do resgate cármico que deve ser efetuado como Lei Astral, Cósmica e Espiritual.

30. A Virtude / Rosas Vermelhas

A iluminação e maturidade provinda dos sentimentos de compaixão e da positividade. Esta carta na maioria das vezes representada pelos lírios, mostra uma Espiritualidade elevada e as conquistas ocorrendo de forma harmoniosa com o Cosmo. A pureza e caráter com que se vive o/a torna digno das bênçãos desejadas.

Na área afetiva a união que se fez no Plano Astral.

Sombra: A sua ingenuidade faz com que as pessoas enganem você. Seja mais seletivo no seu ciclo social. Vaidade exacerbada, fútil que não ameniza sua ansiedade. Cuidado com os ressentimentos familiares.

Representação: *As rosas de Maria Padilha (como todas as flores na Umbanda) são canais de comunicação com o Plano Astral, e em conjunto com outros elementos limpam e harmonizam ambientes, polarizam as energias, neutralizam miasmas astrais e favorecem a consagração do trabalho realizado. Dos banhos às entregas em campos de atuação, agem como estruturadoras dos portais magísticos com os Mentores de Luz, e por esta iluminação se faz presente nesta lâmina.*

31. A Força / Padê

Esta carta significa o "sim" nas perguntas objetivas (e de acordo com a disposições das outras lâminas).

Fala da força vital universal, de prosperidade e abundância. Todo o progresso está em suas mãos! Uma vida nova está se formando no horizonte e você tem todo o poder para concretizar este futuro.

32 - A Glória

Maria Farrapo

Sombra: A arrogância em suas atitudes afastam as boas novas do seu caminho. Não seja tão orgulhoso: se precisa de ajuda, aprenda a pedir! Cuidado com notícias enganosas, fofocas e as idealizações infundadas sobre o que deseja para o seu futuro.

Representação: *A comida votiva que representa toda a vitalidade universal e alimento da nossa própria alma. Dar de comer aos Guardiões é manter fortalecido nosso elo com suas proteções, aceitando a Lei do Retorno e do Resgate Cármico. Os elementos utilizados no seu ritual de preparo são de acordo com os pedidos a serem feitos. Representa o 'SIM' neste tarô pelo poder que possui quando oferendado.*

"Em casa que Exu come, filho não passa fome."

32. A Glória / Maria Farrapo

Esta carta significa o "talvez" nas perguntas objetivas (e de acordo com a disposições das outras lâminas).

É a representação do oculto, das fases que passamos durante a jornada terrena e que auxiliam em nosso resgate cármico. Apesar de ser uma carta neutra, sua tendência ao positivo lembra que todos os bons projetos podem vir cercados de dúvidas e incertezas. A sensibilidade e empatia com o próximo limpam diariamente seus campos da vida terrena, mantenha essa boa vibração.

Sombra: Os períodos cíclicos de melancolia e insegurança devem ser enfrentados e fechados. Entre mais em contato com sua mediunidade e trate da sua mente tanto quanto do seu corpo.

Representação: *Em uma de suas jornadas terrenas foi uma manipuladora exímia das magias. De infância pobre e de violência, fugiu para um vilarejo onde vendia suas poções para todos os fins e praticava rituais deletérios para mortes, separações e doenças. Quem pagasse poderia pedir o que quisesse. Ela fez fortuna por ter êxito em todas suas ações. Trabalhava sem horário, e não se importava com suas roupas*

desgastando e virando trapos, apesar de muito rica. Foi acometida por doenças e acabou desencarnando em meio a sua fortuna em joias.

No Plano Astral, Maria Farrapo uniu-se a falange das Molambos, e se apresenta de forma encantadora e poderosa nos terreiros. Trabalha muito com o psicológico dos consulentes, fazendo-os raciocinar sobre suas escolhas e atitudes. Aqui representa o 'TALVEZ' porque esta Pombogira sempre lhe trará o benefício da dúvida.

33. O Sucesso / Adaga

O livre arbítrio lhe garante as oportunidades, desde que você se empenhe para alcançar os resultados. Suas atitudes é que gerarão as mudanças necessárias, e a chave está em suas mãos. Saia da zona de conforto e conquiste seus objetivos!

Sombra: Procrastinar não é a solução. Arregace as mangas e foque nas soluções, não nos problemas. É o momento de ampliar sua visão, e ir em busca de novas alternativas.

Representação: *A adaga tem a função de direcionar as energias, sendo utilizada na maioria das vezes por Maria Padilha (e diversos outros Mentores Espirituais) sem o objetivo de corte físico, mas de consagração nas cerimônias que atua. Apesar de associado ao masculino, as Pombogiras fazem deste instrumento uma potencialização de racionalidade e manutenção das vibrações durante seus rituais. Assim como uma chave abre e fecha portas, as adagas evocam e selam os portais magísticos astrais, garantindo o encaminhamento das energias presentes.*

34. O Dinheiro / As Joias

Tudo o que tange à materialidade. São ganhos financeiros, lucro nos negócios e toda sorte de fluidez nos bens materiais. A movimentação

35 - Os Negócios

Maria Padilha Rainha das Sete Encruzilhadas

financeira será em abundância e permanecerá enquanto seus investimentos forem feitos com racionalidade.

Em paralelo representa a fertilidade e fecundidade.

Sombra: Dívidas atrasadas podem lhe gerar perda de bens. Os prejuízos e dificuldades financeiras devem ser enfrentados com muita calma e força de vontade.

Representação: *Erroneamente ligadas à avareza, as joias de uma Pombogira são verdadeiros amuletos, e contam sua história – terrena e espiritual. As pedrarias e metais preciosos (ouro e prata) simbolizam e movimentam as forças naturais, através de suas propriedades e cores, também representando por estes fatores, onde e como viveram (mantendo a vista de todos encarnados que seu resgate também está sendo cumprido). Lembram-nos que tudo do Plano Terreno pode nos proteger ou nos amaldiçoar, de acordo com a manipulação energética que aplicamos. Além disso, a riqueza humana não representa o poder destas Guardiãs. Seus adornos e presentem são aceitos como troca justamente para que se aprenda sobre o desapego material e enriquecimento psíquico.*

35. Os Negócios / Maria Padilha Rainha das Sete Encruzilhadas

A autoconfiança que propicia estabilidade material. Diferente da carta 34 – O DINHEIRO, ela se refere as possibilidades que se formam mediante seu interior seguro, sua mente estável e seu psicológico saudável não é apenas a luta braçal. A confiança é que impulsiona você em qualquer caminho que escolher, e com este controle emocional você vai longe.

Sombra: Imposição de limites rígidos lhe gera comodismo e conformismo. Com essa situação fica difícil concretizar seus planos. Tenha em mente que é capaz de tudo que almeja, basta firmeza de

propósitos. Nenhuma situação é ou foi em vão: elas nos trazem a maturidade e a oportunidade de crescimento pessoal.

Representação: *Abandonada em idade tenra pela mãe, passou por muito lares até atingir a adolescência quando mudou-se para um cabaré. De beleza estonteante, cortejo na fala e um grande poder de persuasão, a jovem que aprendeu de forma autodidata a manipulação de poções e feitiços (sempre as energizando em sete encruzilhadas diferentes), seduziu através da magia um Rei francês, e conseguiu casar-se com ele. Após o falecimento deste, ela assumiu o poder, sendo cobiçada por diversos Reis, até que, casando-se novamente para unir poder e fortuna, foi envenenada por seu marido, que não aceitava uma mulher possuir mais respeito que ele perante os súditos.*

Sua caminhada quando adentrou o Plano Astral foi tortuosa, até que acolhida pelo Exu das Sete Encruzilhadas foi inserida na Linha das Encruzas. Maria Padilha Rainha das Sete Encruzilhadas ganhou merecidamente sua coroa, e trabalha de forma ímpar por aqueles que recorrem à ela. Conhecida como a deusa do amor e da guerra, ela incita seus protegidos ir à luta por seus objetivos, sob seu amparo.

36. O Destino / Maria Padilha do Cruzeiro

Nosso resgate cármico. Toda a Lei Universal de ação e reação de todo o nosso período de existência, tanto carnal quanto espiritual. Revela um período de desafios e sacrifícios necessários para a evolução pessoal, que teremos orgulho no momento de vitória.

Sombra: Apesar de parecer que não sai do lugar, as provações são para elevação holística (corpo, mente e alma) e sua ascensão Astral. Tenha nas derrotas um conselheiro, para modificar a forma como tem vivido.

Representação: *Na caminhada terrena era uma jovem rica, prometida à um nobre. Apaixonada por um dos servos, entregou-se a ele o que culminou em uma gravidez. Desesperados pelo medo da reação da família e convictos do amor, decidiram fugir, para poder viver sua relação em paz. Uma das servas era apaixonada pelo rapaz, e alertou o pai da moça o que estava acontecendo. Prontamente interromperam a viagem do casal, a tiros. O primeiro atingiu o amor de sua vida; ela sacou de uma arma e em prantos atirou no próprio pai, logo em seguida se atirando nas águas geladas do rio próximo.*

Quando chegou ao Plano Astral, foi acolhida pelo Povo dos Cruzeiros para que compreendesse seus atos. Já em Luz, adentrou a falange das Padilha e assim resgataria seus carmas. Hoje trabalha como Maria Padilha do Cruzeiro, e sua atuação é imparcial. Não costuma alongar suas consultas, sendo muito objetiva e acompanhando quem lhe pede ajuda, até que toda a questão seja resolvida. Ensina que todas as ações carnais refletem no Cosmo, e que a seta que vai, volta pelo mesmo caminho, admirando aqueles que lutam por seus ideais sem prejudicar outras pessoas.

Consagração do Baralho

Que todo tarô deve ser manuseado com preceito e responsabilidade, já sabemos. O que muitas pessoas – principalmente as despreparadas para a manipulação – não sabem, é como consagrar de forma correta o baralho/tarô. Existem algumas etapas simples e de fundamental importância para que seu Tarô de Maria Padilha 'tenha o axé necessário para a comunicação através das lâminas', e esteja pronto para o uso.

Existem alguns rumores de que apenas os baralhos 'ganhados' têm a energia necessária para ser aberto a consulentes, o que não é verdade. Obviamente precisamos nos identificar com o baralho/tarô, para que então, sejamos iniciados. Este fato não significa que tarôs presenteados não possam ser consagrados e abertos.

Este ritual pode ser utilizado para qualquer tipo de baralho ou tarô.

Elementos necessários:

- Um baralho completo e virgem (que não tenha sido manipulado anteriormente). Verifique antes de comprar se este não se encontra rasgado ou deteriorado de alguma forma.
- Um incenso doce (rosas vermelhas, por exemplo) ou amadeirado (cedro, por exemplo).
- Um copo virgem pequeno com água mineral (que será utilizado apenas para a composição da mesa de jogo).

- Um recipiente para vela (que será utilizado apenas para a composição da mesa de jogo).
- Uma toalha para tarô (que pode ser comprada ou fabricada pelo consultor).
- Uma bacia de vidro, madeira ou metal (plástico não pode ser utilizado).
- Um perfume ou óleo essencial de sua preferência.

Durante um período de Cheia ou Crescente, após as 18h, em um local aberto, coloque as cartas dentro da bacia (que deve estar limpa e seca). Coloque o copo com água ao lado, acenda o incenso e a vela. Com o incenso em mãos, gire em sentido horário sobre as cartas e faça a seguinte oração (ou qualquer outra de seu desejo/conhecimento):

"Peço e já agradeço ao Universo, a Lua e aos quatro elementos que aqui estão: terra, fogo água e ar, por trazerem sua força a estas lâminas, que a partir de agora, se tornam ferramentas mágicas de luz e autoconhecimento. Que através dessas lâminas, eu (pode falar seu nome) possa ser apenas o canal de comunicação entre o plano físico e o plano espiritual, a fim de levar direcionamento, conhecimento e elucidação a quem vem se consultar através dessas cartas.

Que assim seja, assim já é e assim sempre será! Gratidão!"

Imantação de Objetos

Elementos diversos podem ser utilizados na mesa de abertura. Além dos primordiais, podem-se utilizar leques, runas, moedas, perfumes, bebidas doces, cristais/pedras, lenços, joias, frutas e espelhos.

Para a imantação destes elementos, basta deixá-los no sereno com o copo de água e uma vela, e realizar a oração de consagração.

Preparação: Preceitos para a Consulta

As iniciações posteriores, geralmente seguem parâmetros peculiares, adotados pelos médiuns/oraculadores/consultores, mas sempre seguindo algumas regras básicas. Cada ser tem uma forma única de interpretação, mas é necessário concentração e entendimento, para não transpor as respostas de modo pessoal.

Para a abertura do Tarô é necessário:

- Não ter pressa.
- Não estar conturbado(a) ou emocionalmente abalado(a).
- Não ter tido relação sexual – preceito – por pelo menos 7 horas.
- Abrir em local calmo sem barulhos que possam tirar sua atenção ou ser interrompido(a).
- Imante seu Baralho.

- Utilizar ferramentas de energização SEMPRE (toalha para abertura do tarô e uma vela acesa são primordiais). Elas garantem as boas vibrações e afastam das jogadas influências que possam manipular o tarô. Em segmento peculiar o(a) tarólogo(a) pode adicionar incensos, copo com água, terços, espelhos, taças, sinos, imagens e outros materiais para harmonizar a consulta.
- Faça uma oração de sua preferência, pedindo auxílio aos seus guias para ter sabedoria e proteção para a interpretação.
- Seja discreto(a). Os consulentes não devem ter seus nomes expostos, e você não deve repassar a ninguém sobre a vida da pessoa.
- Não utilize as cartas por brincadeira e nem empreste a ninguém.

Elementos para a Consulta

Esta é a mesa primordial de abertura:

- Toalha para abertura do tarô
- Baralho/Tarô
- Um copo com água
- Um pires com uma vela

O objetivo destes elementos é a proteção do consultor por meio dos quatro elementos, para que não se contamine com energias deletérias, a proteção do tarô, para que as respostas não sejam influenciadas por vibrações negativas, atrapalhando/confundindo o consultor e limpeza energética do consulente, para que este(a) saia descarregado(a) da consulta.

Metodologia de Abertura

Quando se trata de métodos de aberturas, podemos encontrar dezenas (quiçá centenas) deles, e todos eficientes e válidos. É importante que o(a) oraculador(a) se identifique, pois é necessário estar em sintonia com o caminho do baralho, para que possa ter segurança e objetividade necessária para lidar com a interpretação da subjetividade.

De métodos simples aos mais complexos, as aberturas possuem significados específicos e fundamentos. Não significa que os mais simples estão em descrédito ou que seja apenas para iniciantes, pelo contrário, na maioria das vezes perguntas complexas são mais facilmente compreendidas através de tiragens simples, seja qual for o tempo de prática.

Perguntas objetivas e bem formuladas são imprescindíveis para a resposta clara. O ser humano tende a "enfeitar" seus questionamentos, e cabe ao cartomante (oraculador, tarólogo, etc.) explorar o sentido da pergunta e transpor de maneira simples ao tarô, sempre respeitando a intenção do consulente no sentido da pergunta. Isto também influencia e auxilia na interpretação através do método escolhido.

Com a prática (esta é uma regra: pratique, pratique, pratique!), você pode desenvolver seu próprio método de abertura. Poderá criar técnicas pessoais para cada caso, de modo que sua leitura seja "personalizada".

Não interprete prática como brincadeira. A cada tiragem de cartas você estará reivindicando o auxílio da espiritualidade, por isso, haja de maneira responsável com seus Guias, com o Plano Superior, com o Tarô, com você e com o consulente.

Algumas técnicas: Mesa Real (Grand Tableau), Péladan, Cruzeiro, Taça, Objetivo (com carta tema), Magia da Lua, Perséphone (aconselhamento exclusivamente amoroso), Vinte cartas, entre dezenas de outros.

Disponho aqui o método mais utilizado na cartomancia: a mandala astrológica.

Mandala Astrológica

Dos métodos para a abertura de baralhos com 36 cartas, a Mandala é o mais utilizado, seguido pela Mesa Real (Grand Tableau), por suas casas disponibilizarem segmentos específicos de cada área material, pessoal, emocional, social e espiritual do consulente.

Nesta técnica são disponibilizadas 13 cartas no sentido anti-horário, e cada respectiva casa possui um tema, possibilitando assim a resposta clara e completa sobre a questão abordada.

O Baralho deve ser embaralhado, e o(a) consulente deve "cortar" em três montes. Você deve unir estes montes em um só novamente, iniciando pelo monte central, monte esquerdo e monte direito. A partir da primeira carta, você irá "deitar" as 13 cartas já abertas, ou seja, com suas figuras representativas a mostra.

São as casas:

1. Momento presente: Retrata o início da jogada. É o momento do/a consulente organizar seus questionamentos e do oraculador iniciar a interpretação da questão.

2. Finanças: Casa da área financeira. Pode revelar dívidas, dinheiro a receber e emprego.

3. Amigos, irmãos e pequenas viagens: Como o próprio nome da casa revela, expõe a vida social, parentescos e pequenas mudanças no cotidiano.

4. Origem e família: Esta é a posição "de onde vim / para onde vou". É preciso atenção com esta interpretação, pois muitas vezes problemas emocionais são revelados aqui.

5. Sexo e filhos: Tudo o que envolve o campo sentimental e afetivo será descrito nesta casa.

6. Saúde: Além da saúde em si, esta é a posição da fertilidade. Pode também expor a presença de obsessores espirituais.

7. Associações, contratos e casamento: Toda área que houver um novo projeto, será revelado nesta casa. Além da interpretação comum, pode ser analisada diretamente com a casa 2 e a casa 10.

8. Espiritualidade: Chamada também de LADO OCULTO, está relacionada diretamente com a coroa mediúnica do/a consulente. Casa reveladora das ditas "demandas deletérias", ou seja, energias densas contra o/a consulente.

9. Justiça, viagens longas e religião: Campo de questões judiciais, das mudanças expressivas e da espiritualidade daquele que se consulta.

10. Reputação, status e méritos: A casa que se deve lidar com mais cautela: como a pessoa é vista no meio onde vive e o que de fato ela faz para alcançar seus objetivos.

11. Futuro: Basicamente a casa das probabilidades, de como será caso a pessoa permaneça com as mesmas atitudes e como poderá ser caso aprenda a lidar com suas dificuldades.

12. Inimigos e heranças cármicas: Conhecida como 'casa trancada', esta é um portal de encaminhamento para as energias deletérias presentes na mesa. Nela são revelados grandes dissabores, medos, traumas e também a presença de kiumbas e eguns em sua vida.

13. Síntese (desfecho objetivo da pergunta): Aqui se encerra a leitura da mesa, e é o momento que o/a oraculador/a pode realizar leituras paralelas das lâminas já abertas, caso tenha o conhecimento de tal método.

Como se pode ver, a abrangência das casas permite resposta completa, para tudo que envolve a questão.

Como é um método bem abrangente, não se aconselha abrir esta metodologia mais de sete vezes, pela carga energética que tal disposição exige de quem realiza a leitura e pela descarga energética feita ao consulente através da composição da mesa primordial e dos Mentores de Luz presentes.

Corte do Consultor

As lâminas devem ser embaralhadas pelo menos sete vezes, na mão do oraculador. Enquanto estiver embaralhando, a pergunta deve ser feita, sempre de forma direta, para que ao final a resposta possa ser 'sim' ou 'não'. Não existem meios termos para tarôs.

Após embaralhar, as cartas devem ser postas na frente do consulente, para que então este 'corte' o baralho.

Após o corte do consulente, o consultor deve unir um monte novamente, com a mão direita e realizar a abertura das lâminas na disposição que escolher.

Permita que após a resposta, o consulente tire dúvidas.

Corte do Consulente

Após a pergunta feita e o baralho imantado na pergunta, o consulente deve cortar 3 vezes, formando três montes de cartas, com qualquer mão.

Quando o baralho estiver se abrindo, o consultor deve pedir silêncio e concentração ao consulente.

Ética do Consultor

Assim como fundamentações de religiões de matrizes africanas ou dogmas de outras religiões, as consultas não devem ser 'contadas' a ninguém. Tudo o que se passa na mesa, deve permanecer em segredo entre o consultor e o consulente.

Também não é permitido que nenhum acompanhante (parente ou não) participe da consulta. Muitas vezes além do consulente, o próprio baralho pode 'travar', pois alguém fora da abrangência da mesa primordial está irradiando no jogo.

Dê as respostas de forma firme e educada, e JAMAIS discuta com um consulente em negação. Para respostas de situações delicadas, seja gentil.

Após treino e disciplina, cada consultor pode desenvolver seu próprio método de abertura, interpretação e adicionar mais de um tipo de baralho e ainda mesclá-lo com tarô.

Interpretações e o Simbolismo das Cartas

Cada carta é única, assim como cada ser humano, animal, mineral e vegetal. A interpretação do baralho exige disciplina, concentração, comprometimento e respeito ao Divino. Não se pode/deve decorar as cartas, mas estuda-las e treinar.

Os símbolos contidos em cada lâmina auxiliam nas respostas mais diversas, por conterem elementos básicos: A figura representativa da Pombogira Maria Padilha ou de suas ferramentas magísticas (imagem) e os naipes (elementos alquímicos, não ilustrados nas cartas, mas atuantes na interpretação).

Confie em sua intuição e analise com cautela todas as cartas antes de uma resposta.

Certifique-se antes de qualquer conselho, o que o Tarô determina. Não tome iniciativa pessoal sem consultar as lâminas do baralho de Maria Padilha. Ele é o instrumento capaz de auxiliar através desta Mentora de Luz, por isso, sempre deixe claro que todas as questões descritas são por intermédio desta metodologia holística, referindo-se à situação neste exato momento.

Chacras e o Baralho

O equilíbrio energético pleno requer uma minuciosa e imprescindível manutenção holística (corpo – mente – espírito), para que nossa mediunidade se desenvolva de forma saudável, consciente e espiritual.

Chacras são os centros energéticos existentes no corpo etéreo de um ser vivo.

Segue a exemplificação e localização dos Chacras:

7º Sahasrara – Coronário (parte superior da cabeça)

6º Ajna – Cavernoso (entre as sobrancelhas)

5º Vishuddha – Faríngeo (garganta)

4º Anahata – Cardíaco (acima do coração)

3º Manipura – Umbilical (centro do plexo solar)

2º Svadhisthana – Esplênico (órgãos reprodutores)

1º Muladhara – Sacral (base da espinha)

Além das funções espiritualistas, os Chacras são nosso conjunto de revitalizações constante e diário como um todo, trabalhando na individualidade de cada centro para então, formar uma única e essencial fonte de energia, conectada ao sistema nervoso central. Eles nos garantem através da sua manutenção o bem-estar, auxiliam na autoestima, colaboram para que nosso organismo funcione corretamente, entre outras centenas de benefícios.

Quando se trata especificamente de tarôs, os chacras são abertos para canalizar as respostas mais amplamente, e devem ser controlados durante todo o jogo, pois também dão passagem a energias negativas.

Para que eles se alinhem, você deve passar em suas mãos o perfume/óleo essencial imantado para a abertura, e tocá-los, um a um, mentalizando sua própria energia vital.

Rezas à Maria Padilha

Neste espaço não citarei as famosas (e para mim, pejorativas) "rezas de amarração", "destruição dos inimigos" ou de "riqueza instantânea", porque não acredito nelas. Para mim, resumir Maria Padilha – ou qualquer outra Pombogira – aos ditos "trabalhos amorosos" é no mínimo, desconhecer as suas atuações, campos de força e egrégoras.

Não devo anular os valiosos aconselhamentos provindos dela nas áreas sentimentais, porém, quando se trata de uma Guardiã de Luz, não irá interferir no livre arbítrio.

Cada um dá/recebe aquilo que tem dentro de si, e este trabalho é voltado ao autoconhecimento com o Sagrado Feminino através de uma poderosa entidade de LUZ e BEM, que optou espiritualmente pelo resgate dos carmas. Seria no mínimo incoerente com este trabalho e injusto com esta magnífica trabalhadora de Aruanda dispor de tais materiais.

Dito isto, seguem algumas rezas, e vale lembrar que todo pensamento se transforma em oração.

Oração de Proteção

Senhora Maria Padilha, lhe suplico que com seus sete punhais corte do meu caminho todo o tipo de ações maléficas, que meus inimigos visíveis ou invisíveis não tenham o poder de me fazer mal, e que de seus pensamentos não saia nenhum tipo de agressão com qualquer arma que seja, porque Maria Padilha é minha defensora! Rogo que vá na calunga, na estrada, na porta das igrejas, nos botequins, nas matas, nos bosques e nas encruzilhadas, corra sua gira e mostre para mim se alguém me deseja mau, que a Senhora gire e afaste essa pessoa do meu caminho. Corte com seus punhais a inveja, as calúnias e feitiçarias. Se meu inimigo estiver em pé, ponha ele ajoelhado nos poderes de Maria Padilha e se continuar a me perseguir sofrerá a lei do retorno e não terá força e nem poder para me derrubar. Salve Maria Padilha de todos os portais!

Que assim seja! Salve Maria Padilha!

Reza de Defesa

São 12 horas em ponto e o sino já bateu.

Sei que nesta hora, pela força do vento a poeira vai subir, e com ela também subirá todo o mal que estiver no meu corpo, no meu caminho e na minha casa, nos meus familiares e amigos, no meu trabalho e em minha mente. Tudo deletério se afastará da minha vida.

É com a força, a Luz e o axé da Pombogira Maria Padilha que meus caminhos, a partir do momento em que os ponteiros se separarem, estarão livres de todos os males materiais e espirituais, pois a luz que clareia o caminho de Maria Padilha também há de clarear os meus caminhos!

Estarei sempre na posse desta oração e da defesa de Dona Maria Padilha.

Que assim seja! Laroyê! Mojubá!

Reza de Imantação

Maria Padilha, senhora do fogo e das almas, guardai cada dia de minha vida.

Iluminai todo caminho onde eu passar, cubra-me com a sua capa para que meus inimigos não me alcancem.

Permita que eu veja com seus olhos todos os perigos eminentes e saiba me desenvencilhar de todos.

Que ao vosso lado, eu seja vencedora, saudável e amada.

Dai-me a vossa força para cumprir a minha missão nesta existência e assim me redimir de tudo.

Graciosa Senhora Maria Padilha, seja a minha preciosa guardiã.

Que assim seja!

Oração Espiritual/Material

Moça bonita, mulher que mais recado sabe dar, venho com muita fé te pedir que eu tenha sempre sua proteção nas encruzilhadas, nos caminhos e nas estradas que eu percorrer. Que eu seja livre de todas as feitiçarias, demandas, perigos, acidentes e assaltantes. E com tua força, abra meus caminhos para o amor, dinheiro, prosperidade material e espiritual. Que eu tenha saúde, muita paz e felicidade. Maria Padilha das 7 Encruzilhadas me ajude, especialmente, neste pedido que te faço agora (fazer o pedido). Tenho certeza que serei atendida (o) por vós, pois és uma moça de muita Luz e não deixas de atender aqueles que confiam na Senhora!

Que assim seja! Laroyê Maria Padilha!

Abertura de Caminhos

Salve Dona Maria Padilha! Te peço de coração aberto e joelhos ao chão que ajude esta (e) filha (o) no encontro de um ganha pão, para que eu possa honrar meus compromissos financeiros, alimentar meu corpo, minha família e estar em paz com minha alma.

Ajude-me com a aberturas das portas físicas das patacas, e assim poder honrar-te ainda mais! Bem sei que a vida material de nada adianta sem o resgate do carma, mas rogo-te por auxílio Senhora Maria Padilha, pois ainda sou matéria e Tu és espírito de Luz, que auxilia os desvalidos!

Agradeço-te desde já pelas aberturas em minha jornada!

Que assim seja! Laroyê Maria Padilha!

O Poder das Pedras

As pedras têm o poder de receber e transmitir energia, por isso vem sendo utilizadas pelas mais diferentes civilizações desde a antiguidade até os dias de hoje para curar, para proteção, para transmutar vibrações, para meditação, entre muitas outras coisas. Elas possuem vibrações variadas de luz e som e no xamanismo norte americano são chamadas de Seres Pedra, pois são detentores dos registros da Mãe-Terra. As pedras possuem um espírito, um talento e um poder específico. Amplificam pensamentos, expandem a consciência, auxiliam nos processos de cura e protegem de energias negativas.

Na nossa Umbanda as pedras têm ligação com os Orixás e são colocadas nos altares, utilizadas na confecção de guias, instrumentos em trabalhos de energização e cura e até utilizadas pelos Guias Espirituais em seus trabalhos. Nada melhor do que agora conhecermos algumas dessas pedras e os benefícios que elas podem nos trazer, não é mesmo? Então vamos lá:

- *AMETISTA:* para meditação, tranquilizar os pensamentos, acalmar e trazer a paz. Ensinar humildade abrindo a mente para vibrações superiores.
- *ÂMBAR:* é uma resina fossilizada. Para depressão, dores corporais, melhora o humor, protege crianças. Deve ser sempre limpo após o uso.

- *ABALONE:* é uma concha. Utilizar na cerimônia de purificação e limpeza, representando o elemento água.
- *ÁGUA-MARINHA:* harmonizam ambientes, desbloqueia a comunicação, reduz o stress, estabelece ligação com a natureza, alegria nos relacionamentos.
- *AMAZONITA:* reforça qualidades masculinas, acalma o sistema nervoso.
- *CORNALINA:* conexão com a energia da Terra traz segurança, abre caminho para o novo, aumenta a motivação, estimula pensamentos.
- *CRISOCOLA:* é a pedra dos terapeutas holísticos. Alivia os medos, para parturientes, atenua as tristezas e raivas, equilibra emoções.
- *CRISOPRÁSIO:* Introspecção. Abrem para novas situações, problemas mentais, acalma, torna as pessoas menos egoístas.
- *QUARTZO:* reflete a pureza. É um coringa, usado para cura, para ampliação dos poderes xamânicos, é o mais utilizado nas suas diversas formas.
- *QUARTZO AZUL:* aumenta o conhecimento sobre a espiritualidade.
- *QUARTZO ROSA:* é a pedra do amor incondicional. Acalma as mágoas, equilibra emoções, atrai o perdão, o amor próprio, auxilia nos traumas de infância.
- *QUARTZO FUMÊ:* purifica chacra o básico. Aumenta a esperança, trabalha a aceitação, o desapego.
- *QUARTZO VERDE:* para a cura física (principalmente para o coração). Traz prosperidade. É conhecido também como aventurina.
- *CITRINO:* liga-se com o Sol. Criatividade dissipa emoções negativas, clarifica pensamentos, estimula a consciência cósmica.

- *ESMERALDA:* para equilíbrio físico, emocional e mental. Para sabedoria, aumenta a capacidade psíquica, reforça a imunidade, traz renascimento. Não se aconselha a usar com outras pedras.

- *GRANADA:* informações de vidas passadas, paciência, amor e compaixão, coragem. Limpa pensamentos impuros.

- *LÁPIS-LAZÚLI:* Para clarividência, intuição. Relaciona-se com a mente, paz, espiritualidade, iluminação, amplia o poder pessoal.

- *MALAQUITA:* A preferida dos xamãs da África. É a pedra de cura. Para proteção, para as crianças dormirem em paz, relaxamento.

- *OBSIDIANA:* ajuda a esquecer de amores antigos, aguça as visões, ajuda a liberar raiva, ensina o desapego. Deve-se conhecer bem a pedra antes de usá-la.

- *PEDRA-DA-LUA:* desperta o lado feminino, sensibilidade, conecta-se com o subconsciente, acalma as emoções, traz paz de espírito.

- *SODALITA:* Para mudança de atitudes, equilibra o metabolismo, compreensão intelectual, equilíbrio yin e yang, fortalece a comunicação, desperta a terceira visão.

- *TURMALINA NEGRA:* repele energias negativas.

- *FENACITA:* trabalha com os chacras superiores. Conecta-se com energias angélicas.

- *MOLDAVITA:* harmonização com o Eu Superior, ajuda a dar "ground" equilibrando corpo e mente.

Todas as pedras devem ser limpas e energizadas após o uso. Para fazer a limpeza coloque-as em um recipiente com água e sal grosso por algumas horas e para fazer a energização coloque-as, ao menos pelo mesmo tempo em que ficaram no sal grosso, em água corrente ou recebendo as energias do sol, da chuva, de plantas. Pedras pretas, ou pedras da noite, devem ser energizadas na terra ou à luz da lua.

A Magia do Banho de Ervas

Banho de ervas não é exclusividade nos terreiros de Umbanda e Candomblé, de modo geral, temos banhos de todos os tipos ligados a diversas visões tanto religiosas quanto culturais.

A troca de energia com os elementos da natureza é feita a todo o momento, mas num mundo tão urbanizado, lançar mão deste recurso pode ser um atalho e um método fortificador de se alcançar algum equilíbrio.

Existem vários tipos de conhecimentos, portanto, banhos diversos, que devem ser feitos sob orientações corretas e cada um para sua finalidade específica. Os mais comuns são o banho de descarrego, banho de proteção ou defesa, banho de energização ou re-energização.

É claro que os nomes variam de lugar para outro em que se busca, mas o mais importante continua sendo a finalidade verdadeira e a intenção no coração de quem toma os banhos de ervas.

O banho de descarrego costuma ser o mais procurado e o primeiro a ser tomado. É, essencialmente, um banho de limpeza espiritual e, assim como um banho comum, leva consigo a sujeira, mas também os elementos benéficos, e não descarrega apenas as energias negativas.

O banho de energização convém para aqueles que tiveram a necessidade de um descarrego mais poderoso e poderia ser chamado de "banho de recarrego", já que sua função é reestabelecer as energias positivas que foram embora no descarrego ou pelo simples desgaste cotidiano. Seria comparável a passar um hidratante após o banho, pois os óleos naturais e benéficos à pele se foram junto com a sujeira.

O banho de proteção tem, obviamente, o propósito de manter os chacras protegidos após a limpeza, é semelhante a usar um protetor solar para sair pelas ruas, pois estaremos expostos, novamente, a todo tipo de impureza.

Seguem as ervas universais para banhos. Adultos e crianças podem tomar, sempre do pescoço para baixo.

Para a preparação, as ervas devem estar frescas, e não devem ser fervidas.

- *Alecrim:* Usada para atrair prosperidade e abertura de caminhos, também destrói larvas astrais e afasta a tristeza.
- *Aroeira:* Usada para descarrego e para remover toda negatividade.
- *Arruda:* Erva de grande poder. Desagrega fluidos negativos, destrói as larvas astrais e o acúmulo energético proveniente da repetição de pensamentos negativos emitidos pela pessoa que toma o banho, bem como pelas entidades do baixo astral.
- *Alfazema:* Equilibra nossas energias, traz paz e harmonia, e ajuda na limpeza e purificação do ambiente.
- *Anis estrelado:* Usada para chamar dinheiro, melhorar a autoestima e abrir os caminhos amorosos. Também potencializa boas amizades, paz e triunfo quando usada na forma defumada em conjunto com outros ingredientes.
- *Comigo-ninguém-pode:* Usada para defesa.
- *Espada-de-são-jorge:* Usada para proteção.
- *Elevante* – Funciona para abrir caminhos, recuperar energias e dar ânimo. Quando usada em conjunto com o alecrim, traz clientes e atrai dinheiro.
- *Folhas de eucalipto:* Usadas para limpar energias que um médium vai atrair para fortificar o espírito.

- *Guiné:* Facilita a comunicação com os bons espíritos, desagrega formas e pensamentos de baixa vibração, transmite boas energias, elimina o cansaço e a indisposição e combate as obsessões de natureza sexual.

- *Losna (absinto):* Usada em banhos de limpeza e descarrego. Em banho, é desagregadora de fluidos negativos. Defumada, afasta influências negativas.

Orações

Quando se trata de realinhamento espiritual e proteção, orações nunca são demais. Por isso disponibilizo aqui algumas que sempre utilizo, e que me fazem extremo bem.

Evocam energias positivas e mantém são nosso corpo holístico (corpo, mente e alma), além de emanar essas radiações às pessoas próximas e mentalizadas.

Oração da Energização

Vem Espírito do bem, me envolve, lança seus raios de bondade, cubra-me com tua proteção.

Reabastece minhas energias, fazendo-me compreensão, elevando sempre meu coração ao ápice da bondade.

Que eu sempre saiba perdoar, esquecendo mágoas, lavando a alma, sendo somente o amor que se dá.

Vem Espírito superior, carrega-me em teus braços, dai-me a força que preciso para continuar o que vim fazer, e nunca me esquecer dos teus ensinamentos. Perdida no mar da minha infantilidade como humana. Aprendiz de um tempo.

Oh...Espírito benfazejo, sopra em minha direção, que minha criança interior, nunca se acovarde, nem adormeça em meu coração, pois dela preciso para espalhar a alegria, o otimismo de uma encarnação.

Apagam de minha mente as decepções de coisas que não conhecia, o mal que não sabia que tão forte existia, o ódio, o amor não acreditando no êxito da ruindade.

Pois todos ao serem filhos de um Deus levam o amor no coração, e não deveriam se perder na escuridão. Que eu possa direcionar teu amor para esses corações em forma de elos preciosos dados por ti.

Vem espírito da brandura, me circula, me faz cura, lava meu interior, e que nele nasça a flor da tua humildade, para que eu possa espalhar a suavidade, o conforto de uma palavra amiga, a honestidade de um existir, até quando eu deva partir, para me embaralhar de volta nos teus cabelos, sendo uma partícula de tua elevação.

Que se faça cura, energizando meu ser.

Oração da Cura

Senhor dos Mundos, Excelso Criador de todas as coisas.

Venho à Tua soberana presença neste momento, para suplicar ajuda aos que estão sofrendo por doenças do corpo ou da mente.

Sabemos que as enfermidades nos favorecem momentos de reflexão, e de uma aproximação maior de Ti, pelos caminhos da dor e do silêncio.

Mas apelamos para tua misericórdia e pedimos: Estende Tua luminosa mão sobre os que se encontram doentes, sofrendo limitações, dores e incertezas.

Faz a fé e a confiança brotarem fortes em seus corações. Alivia suas dores e dá-lhes calma e paz.

Cura suas almas para que os corpos também se restabeleçam.

Dá-lhes alívio, consolação e acende a luz da esperança em seus corações, para que, amparados pela fé e a esperança, possam desenvolver

o amor universal, porque esse é o caminho da felicidade e do bem-
-estar... é o caminho que nos leva a Ti.

Que a Tua paz esteja com todos nós.

Oração da Prosperidade

Sou um Ímã que atrai riqueza. Todas as formas de prosperidade chegam a mim.

Mereço as melhores coisas da vida. Onde quer que eu trabalhe, sou profundamente admirado e bem-remunerado.

Hoje é um dia maravilhoso. O dinheiro chega a mim tanto de maneiras previstas como inesperadas. Tenho escolhas ilimitadas. As oportunidades estão por toda parte.

Acredito que estamos aqui para nos abençoarmos e nos ajudar-
mos a prosperar. Esta crença se reflete em todos os meus atos. Ajudo os outros a se tornarem prósperos e a Vida me devolve esta ajuda de formas extraordinárias.

Amo o trabalho que faço e sou bem-remunerado por ele.

Sinto prazer em lidar com o dinheiro que ganho. Poupo uma parte e desfruto do restante.

Vivo num Universo de amor, abundância e harmonia, e sou grato por isso.

Assumo o compromisso de me abrir para a prosperidade ilimitada que existe em toda parte.

Uso o dinheiro que ganho em coisas que me fazem feliz. Permito que a maior prosperidade possível permaneça em minha vida.

Irradio sucesso e prosperidade onde quer que eu esteja, sempre.

A Vida satisfaz todas as minhas necessidades com grande abundância. Eu confio na Vida. A Lei da Atração só traz coisas boas para a minha vida.

Mudo os pensamentos de pobreza em pensamentos de prosperidade, e as minhas finanças refletem essa mudança.

Alegro-me com a segurança financeira que é uma constante em minha vida.

Quanto mais sinto gratidão pela riqueza e abundância em minha vida, mais motivos descubro para agradecer.

Expresso gratidão por todo o bem que há em minha vida. Cada dia traz novas e maravilhosas surpresas.

Pago minhas contas com amor e me alegro ao preencher cada cheque. A abundância flui livremente através de mim. Neste exato momento, há muita riqueza e poder ao meu dispor. Sinto que mereço essa dádiva. Mereço o melhor e aceito o melhor agora.

Liberto-me de toda resistência ao dinheiro e permito que ele flua alegremente para minha vida. Sou um Imã que atrai muito dinheiro SEMPRE.

O meu bem chega de todas as partes e de todos.

Sou um excelente Recebedor, estou aberto e propenso a receber grandes quantidades de dinheiro.

Aceito todas as Bênçãos que o universo disponibilizará em minha vida, hoje e sempre. A Vida satisfaz todas as minhas necessidades com grande abundância.

Confio na Vida. Mereço tudo que é bom, nem uma parte, nem um pouquinho, mas tudo que é bom!

Sou Grato Por tudo de bom que a vida tem me oferecido e minhas atitudes refletem essa gratidão.

Hoje inicia-se em minha vida o período mais abundante que já presenciei em toda a minha existência.

Agradeço pelas minhas novas escolhas, Obrigada/o Universo, obrigada/o prosperidade e obrigada/o.

Considerações Finais

Lembre-se que nenhum tipo de Tarô deve ser usado com o intuito de prejudicar pessoas, seres, empresas ou denegrir quem quer que seja. Este é um meio confiável e milenar de autoconhecimento. Todos nós devemos respeitos às Entidades Femininas e suas ferramentas magísticas utilizadas no Tarô. Quando houver dúvidas, não passe informações erradas; use de sinceridade e busque a melhor forma de ajudar.

Não se esqueça de que a esfera física também se sobrecarrega pela manipulação do oculto. Faça sempre que possível (ou necessário) seu BANHO DE ENERGIZAÇÃO.

Confie em sua intuição mediante as cartas. O que você sente perante elas é a comunicação dos Guias através de você. Seja verdadeiro(a) com o consulente, e não tente de modo nenhum ludibriar as respostas. Ele(a) está perante um(a) cartomante para obter conhecimento através das lâminas, e deve sair sem dúvidas.

Tenha em sua mente que o espiritual é um pronto-socorro, por isso ajude e aconselhe sempre que possível, assim estará praticando seu dever: A CARIDADE.

Desejo que todas as vibrações positivas do cosmo estejam hoje e sempre com você, lhe auxiliando na mediunidade para proporcionar conforto aos demais, e no plano físico, lhe dando energia e realização!

Axé!

Karol Souza
A Autora / Terapeuta Holística

Bibliografia

ALVEZ, Lídia Maria. *O Tarô, o Caminho da Autotransformação*. Ed. Nova Era, 1995.

BANZHAF, Hajo. *Manual do Tarô*. Ed. Pensamento, 1992.

CAMILO, Jean Carlos. *Curso completo de Tarô*. Ed. Artexpressa, 2010.

CONVER, Nicolas. *O Antigo Tarô de Marselha*. Editora Pensamento, 2013.

FERNANDES, Patrícia. *Desvendado o Tarô: estudo comparado do tarô e o baralho cigano*. Pallas, 2003.

FRANÇOISE, Dicta e. *Mitos e Tarôs: A viagem do Mago*. (Título original: Mythes et Tarots: Le Voyage du Bateleur.) Editora Pensamento, 1992.

GWAIN, Rose. *Descobrindo seu interior através do Tarô*. Ed. Cultrix, 1996.

KAPLAN, Stuart R. *El Tarot*. Barcelona: Plaza e Janes Editores, 1993.

KAPLAN, Stuart. *Tarô Clássico*. Ed. Pensamento, 1989.

MARTINEZ, Margarita Fasanella. *Cartas Ciganas: A Estrada da Vida*. Editora Pensamento, 2005.

MARTINS, Vera. *Tarô de Marselha, espelho meu*. Ed. Madras. 2000.

MONTANARO, Mário. *Tarô, espelho da alma*. Ed. Nova Fronteira, 1996.

NAIFF, Nei. *Tarô, simbologia e ocultismo*. Rio de janeiro: Nova Era, 2012.

PRAMAD, Veet. *Curso de Tarô e seu uso Terapêutico*, Ed. Madras, 2003.

RIVAS NETO, F. *Umbanda: O Arcano dos 7 Orixás: obra mediúnica ilustrada contendo mapas, tabelas e ilustrações*. Ícone, 1993.

SIMON, Sylvie; PICARD, Marcel. *A Linguagem Secreta do Tarô*. (Título original: Le Lamgage Secret du Tarot – 1982). Editora Pensamento, 1993.

SOUZA, Karol. *Tarô dos Guardiões – Os Arcanos Menores*. Editora Anúbis, 2018.

STEINER-GERINGER, Mary. *O Tarô e o Autoconhecimento*. Ed. Pensamento, 1989.

VASCONCELOS E MARQUES, Ednamara B. *O Tarô, a Função Terapêutica*. Independente, 2004.

ZOLRAK. *O Tarô Sagrado dos Orixás*. Ed. Pensamento, 1997.

Sítios na Internet

http://admiradoresdaumbanda.com.br
http://baralhociganoemagia.blogspot.com
http://filhosdefepadilha.blogspot.com
http://linhadasaguas.com.br
http://umbandamagia.blogspot.com
http://www.fedespbrasil-es.org.br
http://www.paijonatasdeoya.comunidades.net
https://aventurasnahistoria.uol.com.br
https://blog.vidatarot.com.br
https://books.google.com.br/books (Livro Saravá Maria Padilha)
https://ciganosnaweb.net
https://lilamenez.wordpress.com
https://lotusesoterismo.com.br
https://mariapadilhadasalmas.no.comunidades.net
https://medium.com
https://oescriba.org
https://saravapombagira.wordpress.com
https://tsararaioluzoriente.com.br

https://umbandanec.com.br
https://www.abruxaboa.com.br
https://www.astrocentro.com.br
https://www.dicionariodesimbolos.com.br
https://www.facebook.com/PovoDeAruandaPombaGirasEExus
https://www.facebook.com/temploogumbeiramar2
https://www.iquilibrio.com
https://www.raizesespirituais.com.br
https://www.wemystic.com.br

Distribuição exclusiva